TRANZLATY

El idioma es para todos

Sproget er for alle

El Manifiesto Comunista

Det Kommunistiske Manifest

Karl Marx
&
Friedrich Engels

Español / Dansk

Introducción
Indførelsen

Un fantasma acecha a Europa: el fantasma del comunismo
Et spøgelse hjemsøger Europa — kommunismens spøgelse

Todas las potencias de la vieja Europa han entrado en una santa alianza para exorcizar este fantasma
Alle magter i det gamle Europa har indgået en hellig alliance for at uddrive dette spøgelse

El Papa y el Zar, Metternich y Guizot, los radicales franceses y los espías de la policía alemana
Paven og zaren, Metternich og Guizot, franske radikale og tyske politispioner

¿Dónde está el partido en la oposición que no ha sido tachado de comunista por sus adversarios en el poder?
Hvor er det oppositionsparti, der ikke er blevet fordømt som kommunistisk af sine modstandere ved magten?

¿Dónde está la Oposición que no haya devuelto el reproche de marca al comunismo contra los partidos de oposición más avanzados?
Hvor er oppositionen, der ikke har kastet kommunismens brændevaremærkebebrejdelse tilbage mod de mere avancerede oppositionspartier?

¿Y dónde está el partido que no ha hecho la acusación contra sus adversarios reaccionarios?
Og hvor er det parti, der ikke har fremsat anklagen mod sine reaktionære modstandere?

Dos cosas resultan de este hecho
To ting følger af denne kendsgerning

I. El comunismo es ya reconocido por todas las potencias europeas como una potencia en sí misma
I. Kommunismen er allerede anerkendt af alle europæiske magter som en magt

II. Ya es hora de que los comunistas publiquen abiertamente, a la vista de todo el mundo, sus puntos de vista, sus objetivos y sus tendencias

II. Det er på høje tid, at kommunisterne åbent, over for hele verden, offentliggør deres synspunkter, mål og tendenser

deben hacer frente a este cuento infantil del Espectro del Comunismo con un Manifiesto del propio partido

de må møde denne børnefortælling om kommunismens spøgelse med et manifest fra selve partiet

Con este fin, comunistas de diversas nacionalidades se han reunido en Londres y han esbozado el siguiente Manifiesto

Med henblik herpå har kommunister af forskellige nationaliteter samlet sig i London og skitseret følgende manifest

El presente manifiesto se publicará en inglés, francés, alemán, italiano, flamenco y danés

Dette manifest skal offentliggøres på engelsk, fransk, tysk, italiensk, flamsk og dansk

Y ahora se publicará en todos los idiomas que ofrece Tranzlaty

Og nu skal den udgives på alle de sprog, som Tranzlaty tilbyder

La burguesía y los proletarios
Borgerskabet og proletarerne

La historia de todas las sociedades existentes hasta ahora es la historia de las luchas de clases

Historien om alle hidtil eksisterende samfund er klassekampens historie

Hombre libre y esclavo, patricio y plebeyo, señor y siervo, maestro de gremio y oficial

Frimand og slave, patricier og plebejer, herre og livegen, lavsmester og svend

en una palabra, opresor y oprimido

kort sagt, undertrykker og undertrykt

Estas clases sociales estaban en constante oposición entre sí

Disse sociale klasser stod i konstant modsætning til hinanden

Llevaron a cabo una lucha ininterrumpida. Ahora oculto, ahora abierto

de førte en uafbrudt kamp. Nu skjult, nu åbent

una lucha que terminó en una reconstitución revolucionaria de la sociedad en general

en kamp, der enten endte i en revolutionær rekonstruktion af samfundet som helhed

o una lucha que terminó en la ruina común de las clases contendientes

eller en kamp, der endte med de stridende klassers fælles ruin

Echemos la vista atrás a las épocas anteriores de la historia

Lad os se tilbage på de tidligere epoker i historien

Encontramos casi en todas partes una complicada organización de la sociedad en varios órdenes

Vi finder næsten overalt en kompliceret opstilling af samfundet i forskellige ordener

Siempre ha habido una múltiple gradación de rango social

der har altid været en mangfoldig graduering af social rang

En la antigua Roma tenemos patricios, caballeros, plebeyos, esclavos

I det gamle Rom har vi patriciere, riddere, plebejere, slaver

en la Edad Media: señores feudales, vasallos, maestros de gremios, oficiales, aprendices, siervos

i middelalderen: feudalherrer, vasaller, lavsmestre, svende, lærlinge, livegne

En casi todas estas clases, de nuevo, las gradaciones subordinadas

i næsten alle disse klasser, igen underordnede gradueringer

La sociedad burguesa moderna ha brotado de las ruinas de la sociedad feudal

Det moderne borgerlige samfund er spiret frem af ruinerne af det feudale samfund

Pero este nuevo orden social no ha eliminado los antagonismos de clase

Men denne nye samfundsorden har ikke afskaffet klassemodsætningerne

No ha hecho más que establecer nuevas clases y nuevas condiciones de opresión

Den har kun etableret nye klasser og nye betingelser for undertrykkelse

Ha establecido nuevas formas de lucha en lugar de las antiguas

den har etableret nye kampformer i stedet for de gamle

Sin embargo, la época en la que nos encontramos posee un rasgo distintivo

Men den epoke, vi befinder os i, har et særpræg

la época de la burguesía ha simplificado los antagonismos de clase

bourgeoisiets epoke har forenklet klassemodsætningerne

La sociedad en su conjunto se divide cada vez más en dos grandes campos hostiles

Samfundet som helhed splittes mere og mere op i to store fjendtlige lejre

dos grandes clases sociales enfrentadas directamente: la burguesía y el proletariado

to store sociale klasser direkte over for hinanden: Bourgeoisie og proletariat

De los siervos de la Edad Media surgieron los burgueses de las primeras ciudades
Fra middelalderens livegne udsprang de chartrede borgere i de tidligste byer
A partir de estos burgueses se desarrollaron los primeros elementos de la burguesía
Fra disse borgerskaber udviklede de første elementer af bourgeoisiet
El descubrimiento de América y el doblamiento del Cabo
Opdagelsen af Amerika og rundingen af Kap
estos acontecimientos abrieron un nuevo terreno para la burguesía en ascenso
disse begivenheder åbnede ny jord for det fremvoksende bourgeoisi
Los mercados de las Indias Orientales y China, la colonización de América, el comercio con las colonias
De østindiske og kinesiske markeder, koloniseringen af Amerika, handel med kolonierne
el aumento de los medios de cambio y de las mercancías en general
Stigningen i byttemidlerne og i varer i almindelighed
Estos acontecimientos dieron al comercio, a la navegación y a la industria un impulso nunca antes conocido
Disse begivenheder gav handel, navigation og industri en impuls, der aldrig før er kendt
Dio un rápido desarrollo al elemento revolucionario en la tambaleante sociedad feudal
Det gav hurtig udvikling til det revolutionære element i det vaklende feudale samfund
Los gremios cerrados habían monopolizado el sistema feudal de producción industrial
lukkede laug havde monopoliseret det feudale system for industriproduktion
Pero esto ya no bastaba para satisfacer las crecientes necesidades de los nuevos mercados

men dette var ikke længere tilstrækkeligt til de nye markeders
voksende behov

**El sistema manufacturero sustituyó al sistema feudal de la
industria**

Fremstillingssystemet trådte i stedet for det feudale
industrisystem

**Los maestros de gremio fueron empujados a un lado por la
clase media manufacturera**

Laugsmestrene blev skubbet til side af den manufakturistiske
middelklasse

**La división del trabajo entre los diferentes gremios
corporativos desapareció**

arbejdsdelingen mellem de forskellige virksomhedslaug
forsvandt

La división del trabajo penetraba en cada uno de los talleres

arbejdsdelingen trængte ind i hvert enkelt værksted

**Mientras tanto, los mercados seguían creciendo y la
demanda seguía aumentando**

I mellemtiden blev markederne ved med at vokse, og
efterspørgslen steg stadigt

**Ni siquiera las fábricas bastaban para satisfacer las
demandas**

Selv fabrikker var ikke længere tilstrækkelige til at opfylde
kravene

**A partir de entonces, el vapor y la maquinaria
revolucionaron la producción industrial**

Herefter revolutionerede damp og maskiner
industriproduktionen

**El lugar de la manufactura fue ocupado por el gigante, la
Industria Moderna**

Pladsen for manufakturen blev overtaget af den gigantiske,
moderne industri

**El lugar de la clase media industrial fue ocupado por
millonarios industriales**

den industrielle middelklasses plads blev overtaget af
industrielle millionærer

el lugar de los jefes de ejércitos industriales enteros fue ocupado por la burguesía moderna
Pladsen som ledere af hele industrihære blev overtaget af det moderne bourgeoisi

el descubrimiento de América allanó el camino para que la industria moderna estableciera el mercado mundial
opdagelsen af Amerika banede vejen for, at den moderne industri kunne etablere verdensmarkedet

Este mercado dio un inmenso desarrollo al comercio, la navegación y la comunicación por tierra
Dette marked gav en enorm udvikling til handel, navigation og kommunikation til lands

Este desarrollo ha repercutido, en su momento, en la extensión de la industria
Denne udvikling har i sin tid reageret på udvidelsen af industrien

Reaccionó en proporción a cómo se extendía la industria, y cómo se extendían el comercio, la navegación y los ferrocarriles
den reagerede i forhold til, hvordan industrien voksede, og hvordan handel, skibsfart og jernbaner udvidede sig

en la misma proporción en que la burguesía se desarrolló, aumentó su capital
i samme forhold som bourgeoisiet udviklede sig, øgede de deres kapital

y la burguesía relegó a un segundo plano a todas las clases heredadas de la Edad Media
og bourgeoisiet skubbede alle klasser, der var gået i arv fra middelalderen, i baggrunden

por lo tanto, la burguesía moderna es en sí misma el producto de un largo curso de desarrollo
derfor er det moderne bourgeoisi selv et produkt af et langt udviklingsforløb

Vemos que es una serie de revoluciones en los modos de producción y de intercambio

Vi ser, at det er en række omvæltninger i produktions- og udvekslingsmåderne

Cada paso de la burguesía desarrollista iba acompañado de un avance político correspondiente

Hvert udviklingsborgerskabs skridt blev ledsaget af et tilsvarende politisk fremskridt

Una clase oprimida bajo el dominio de la nobleza feudal

En undertrykt klasse under den feudale adels herredømme

una asociación armada y autónoma en la comuna medieval

En væbnet og selvstyrende forening i middelalderkommunen

aquí, una república urbana independiente (como en Italia y Alemania)

her en uafhængig byrepublik (som i Italien og Tyskland)

allí, un "tercer estado" imponible de la monarquía (como en Francia)

dér et skattepligtigt "tredje stand" af monarkiet (som i Frankrig)

posteriormente, en el período de fabricación propiamente dicho

efterfølgende, i den egentlige fremstillingsperiode

la burguesía servía a la monarquía semifeudal o a la monarquía absoluta

borgerskabet tjente enten det halvfeudale eller det absolutte monarki

o la burguesía actuaba como contrapeso contra la nobleza

eller bourgeoisiet optrådte som en modvægt til adelen

y, de hecho, la burguesía era una piedra angular de las grandes monarquías en general

og i virkeligheden var bourgeoisiet en hjørnesten i de store monarkier i almindelighed

pero la industria moderna y el mercado mundial se establecieron desde entonces

men den moderne industri og verdensmarkedet har etableret sig siden da

y la burguesía ha conquistado para sí el dominio político exclusivo

og bourgeoisiet har erobret sig eksklusivt politisk
herredømme
**logró esta influencia política a través del Estado
representativo moderno**
den opnåede denne politiske magt gennem den moderne
repræsentative stat
**Los ejecutivos del Estado moderno no son más que un
comité de gestión**
Den moderne stats udøvere er kun en forvaltningskomité
y manejan los asuntos comunes de toda la burguesía
og de styrer hele bourgeoisiets fælles anliggender
**La burguesía, históricamente, ha desempeñado un papel
muy revolucionario**
Bourgeoisiet har historisk set spillet en yderst revolutionær
rolle
**Dondequiera que se impuso, puso fin a todas las relaciones
feudales, patriarcales e idílicas**
Hvor den end fik overtaget, gjorde den en ende på alle
feudale, patriarkalske og idylliske forbindelser
**Ha roto sin piedad los abigarrados lazos feudales que unían
al hombre con sus "superiores naturales"**
Den har ubarmhjertigt revet de brogede feudale bånd i
stykker, der bandt mennesket til dets "naturlige overordnede"
**y no ha dejado ningún nexo entre el hombre y el hombre,
más allá del puro interés propio**
og det har ikke efterladt nogen forbindelse mellem mand og
mand, andet end nøgen egeninteresse
**Las relaciones del hombre entre sí se han convertido en nada
más que un cruel "pago en efectivo"**
menneskets forhold til hinanden er ikke blevet andet end
afstumpet "kontant betaling"
Ha ahogado los éxtasis más celestiales del fervor religioso
Den har druknet den mest himmelske ekstase af religiøs glød
**ha ahogado el entusiasmo caballeresco y el sentimentalismo
filisteo**

den har druknet ridderlig entusiasme og spidsborgerlig
sentimentalisme
ha ahogado estas cosas en el agua helada del cálculo egoísta
den har druknet disse ting i den egoistiske beregnings iskolde
vand
Ha resuelto el valor personal en valor de cambio
Det har opløst personlig værdi til bytteværdi
**Ha sustituido a las innumerables e imprescriptibles
libertades estatutarias**
den har erstattet de utallige og uomgængelige chartrede
frihedsrettigheder
**y ha establecido una libertad única e inconcebible; Libre
cambio**
og den har skabt en enkelt, samvittighedsløs frihed; Frihandel
En una palabra, lo ha hecho para la explotación
Med ét ord har den gjort dette for udnyttelse
explotación velada por ilusiones religiosas y políticas
udnyttelse tilsløret af religiøse og politiske illusioner
**explotación velada por una explotación desnuda,
desvergonzada, directa, brutal**
udnyttelse tilsløret af nøgen, skamløs, direkte, brutal
udnyttelse
**la burguesía ha despojado de la aureola a todas las
ocupaciones anteriormente honradas y veneradas**
bourgeoisiet har fjernet glorien fra enhver tidligere hædret og
æret beskæftigelse
**el médico, el abogado, el sacerdote, el poeta y el hombre de
ciencia**
lægen, advokaten, præsten, digteren og videnskabsmanden
**Ha convertido a estos distinguidos trabajadores en sus
trabajadores asalariados**
den har forvandlet disse fremtrædende arbejdere til sine
lønnede lønarbejdere
La burguesía ha rasgado el velo sentimental de la familia
Borgerskabet har revet det sentimentale slør væk fra familien

y ha reducido la relación familiar a una mera relación monetaria

og det har reduceret familieforholdet til blot et pengeforhold

el brutal despliegue de vigor en la Edad Media que tanto admiran los reaccionarios

den brutale opvisning af kraft i middelalderen, som reaktionisterne beundrer så meget

Aun esto encontró su complemento adecuado en la más perezosa indolencia

Selv dette fandt sit passende supplement i den mest dovne dovenskab

La burguesía ha revelado cómo sucedió todo esto

Bourgeoisiet har afsløret, hvordan alt dette skete

La burguesía ha sido la primera en mostrar lo que la actividad del hombre puede producir

Bourgeoisiet har været det første til at vise, hvad menneskets virksomhed kan frembringe

Ha logrado maravillas que superan con creces las pirámides egipcias, los acueductos romanos y las catedrales góticas

Det har udrettet vidundere, der langt overgår egyptiske pyramider, romerske akvædukter og gotiske katedraler

y ha llevado a cabo expediciones que han hecho sombra a todos los antiguos Éxodos de naciones y cruzadas

og det har gennemført ekspeditioner, der har sat alle tidligere Exoduser af nationer og korstog i skyggen

La burguesía no puede existir sin revolucionar constantemente los instrumentos de producción

Bourgeoisiet kan ikke eksistere uden konstant at revolutionere produktionsmidlerne

y, por lo tanto, no puede existir sin sus relaciones con la producción

og derfor kan den ikke eksistere uden sine relationer til produktionen

y, por lo tanto, no puede existir sin sus relaciones con la sociedad

og derfor kan den ikke eksistere uden sine relationer til
samfundet

**Todas las clases industriales anteriores tenían una condición
en común**

Alle tidligere industriklasser havde én betingelse til fælles

**Confiaban en la conservación de los antiguos modos de
producción**

de var afhængige af bevarelsen af de gamle produktionsmåder

**pero la burguesía trajo consigo una dinámica completamente
nueva**

men bourgeoisiet bragte en helt ny dynamik med sig

**Revolucionar constantemente la producción y perturbar
ininterrumpidamente todas las condiciones sociales**

Konstant revolutionering af produktionen og uafbrudt
forstyrrelse af alle sociale forhold

**esta eterna incertidumbre y agitación distingue a la época
burguesa de todas las anteriores**

denne evige usikkerhed og agitation adskiller borgerskabets
epoke fra alle tidligere

**Las relaciones previas con la producción vinieron
acompañadas de antiguos y venerables prejuicios y
opiniones**

tidligere forhold til produktionen kom med gamle og
ærværdige fordomme og meninger

Pero todas estas relaciones fijas y congeladas son barridas

Men alle disse faste, fastfrosne relationer fejes væk

**Todas las relaciones recién formadas se vuelven anticuadas
antes de que puedan osificarse**

Alle nydannede relationer bliver forældede, før de kan stivne

**Todo lo que es sólido se derrite en el aire, y todo lo que es
santo es profanado**

Alt, hvad der er fast, smelter til luft, og alt, hvad der er helligt,
vanhelliges

**El hombre se ve finalmente obligado a afrontar con sus
sentidos sobrios sus verdaderas condiciones de vida**

mennesket er endelig tvunget til at se sine virkelige
livsbetingelser i øjnene med nøgterne sanser
y se ve obligado a afrontar sus relaciones con los de su
especie
og han er tvunget til at se sine relationer i øjnene med sin slags
La burguesía necesita constantemente ampliar sus mercados
para sus productos
Borgerskabet har konstant brug for at udvide sine markeder
for sine produkter
y, debido a esto, la burguesía es perseguida por toda la
superficie del globo
og på grund af dette jages bourgeoisiet over hele klodens
overflade
La burguesía debe anidar en todas partes, establecerse en
todas partes, establecer conexiones en todas partes
Bourgeoisiet må putte sig overalt, bosætte sig overalt, etablere
forbindelser overalt
La burguesía debe crear mercados en todos los rincones del
mundo para explotar
Bourgeoisiet må skabe markeder i alle verdenshjørner for at
udbytte
La producción y el consumo en todos los países han
adquirido un carácter cosmopolita
Produktionen og forbruget i alle lande har fået en
kosmopolitisk karakter
el disgusto de los reaccionarios es palpable, pero ha
continuado a pesar de todo
reaktionisternes ærgrelse er til at tage og føle på, men den er
fortsat uanset
La burguesía ha sacado de debajo de los pies de la industria
el terreno nacional en el que se encontraba
Bourgeoisiet har under industriens fødder trukket det
nationale grundlag, hvorpå det stod
Todas las industrias nacionales de vieja data han sido
destruidas, o están siendo destruidas diariamente

alle gamle nationale industrier er blevet ødelagt eller bliver dagligt ødelagt

Todas las viejas industrias nacionales son desplazadas por las nuevas industrias

alle gamle etablerede nationale industrier fortrænges af nye industrier

Su introducción se convierte en una cuestión de vida o muerte para todas las naciones civilizadas

deres indførelse bliver et spørgsmål om liv og død for alle civiliserede nationer

son desalojados por industrias que ya no trabajan con materia prima autóctona

de fjernes af industrier, der ikke længere oparbejder indenlandske råmaterialer

En cambio, estas industrias extraen materias primas de las zonas más remotas

i stedet trækker disse industrier råmaterialer fra de fjerneste zoner

industrias cuyos productos se consumen, no solo en el país, sino en todos los rincones del mundo

Industrier, hvis produkter forbruges ikke kun i hjemmet, men i alle dele af kloden

En lugar de las viejas necesidades, satisfechas por las producciones del país, encontramos nuevas necesidades

I stedet for de gamle behov, der tilfredsstilles af landets produktioner, finder vi nye behov

Estas nuevas necesidades requieren para su satisfacción los productos de tierras y climas lejanos

Disse nye behov kræver for at tilfredsstille produkter fra fjerne lande og himmelstrøg

En lugar de la antigua reclusión y autosuficiencia local y nacional, tenemos el comercio

I stedet for den gamle lokale og nationale afsondrethed og selvforsyning har vi handel

intercambio internacional en todas las direcciones; Interdependencia universal de las naciones

international udveksling i alle retninger; Universel indbyrdes
afhængighed mellem nationer
**Y así como dependemos de los materiales, también
dependemos de la producción intelectual**
og ligesom vi er afhængige af materialer, er vi afhængige af
intellektuel produktion
**Las creaciones intelectuales de las naciones individuales se
convierten en propiedad común**
De enkelte nationers intellektuelle frembringelser bliver fælles
ejendom
**La unilateralidad nacional y la estrechez de miras se vuelven
cada vez más imposibles**
National ensidighed og snæversynethed bliver mere og mere
umulig
**y de las numerosas literaturas nacionales y locales, surge una
literatura mundial**
og fra de talrige nationale og lokale litteraturer opstår der en
verdenslitteratur
**por el rápido perfeccionamiento de todos los instrumentos
de producción**
ved hurtig forbedring af alle produktionsinstrumenter
por los medios de comunicación inmensamente facilitados
ved hjælp af de uhyre lette kommunikationsmidler
**La burguesía atrae a todos (incluso a las naciones más
bárbaras) a la civilización**
Bourgeoisiet trækker alle (selv de mest barbariske nationer)
ind i civilisationen
**Los precios baratos de sus mercancías; la artillería pesada
que derriba todas las murallas chinas**
De billige priser på dets varer; det tunge artilleri, der slår alle
kinesiske mure ned
**El odio intensamente obstinado de los bárbaros hacia los
extranjeros se ve obligado a capitular**
Barbarernes intenst stædige had til udlændinge tvinges til at
kapitulere

Obliga a todas las naciones, bajo pena de extinción, a adoptar el modo de producción burgués
Den tvinger alle nationer til under trussel om udryddelse at overtage bourgeoisiets produktionsmåde
los obliga a introducir lo que llama civilización en su seno
den tvinger dem til at indføre det, den kalder civilisation i deres midte
La burguesía obliga a los bárbaros a convertirse ellos mismos en burgueses
Borgerskabet tvinger barbarerne til selv at blive borgerskab
en una palabra, la burguesía crea un mundo a su imagen y semejanza
kort sagt, borgerskabet skaber en verden efter sit eget billede
La burguesía ha sometido el campo al dominio de las ciudades
Bourgeoisiet har underkastet landdistrikterne byernes herredømme
Ha creado enormes ciudades y ha aumentado considerablemente la población urbana
Det har skabt enorme byer og øget bybefolkningen betydeligt
Rescató a una parte considerable de la población de la idiotez de la vida rural
den reddede en betydelig del af befolkningen fra landlivets idioti
pero ha hecho que los del campo dependan de las ciudades
men det har gjort dem på landet afhængige af byerne
y asimismo, ha hecho que los países bárbaros dependan de los civilizados
og ligeledes har det gjort de barbariske lande afhængige af de civiliserede lande
naciones de campesinos sobre naciones de la burguesía, el Este sobre el Oeste
nationer af bønder på nationer af borgerskab, øst mod vest
La burguesía suprime cada vez más el estado disperso de la población

Bourgeoisiet afskaffer mere og mere befolkningens spredte
tilstand

**Ha aglomerado la producción y ha concentrado la propiedad
en pocas manos**

Det har agglomereret produktion og har koncentreret ejendom
på få hænder

**La consecuencia necesaria de esto fue la centralización
política**

Den nødvendige konsekvens af dette var politisk
centralisering

**Había habido naciones independientes y provincias poco
conectadas**

der havde været uafhængige nationer og løst forbundne
provinser

**Tenían intereses, leyes, gobiernos y sistemas tributarios
separados**

de havde særskilte interesser, love, regeringer og
skattesystemer

**pero se han agrupado en una sola nación, con un solo
gobierno**

men de er blevet klumpet sammen til én nation, med én
regering

**Ahora tienen un interés nacional de clase, una frontera y un
arancel aduanero**

de har nu en national klasseinteresse, en grænse og en toldtarif

**Y este interés nacional de clase está unificado bajo un solo
código de leyes**

og denne nationale klasseinteresse er forenet under én
lovsamling

**la burguesía ha logrado mucho durante su gobierno de
apenas cien años**

bourgeoisiet har opnået meget i løbet af sit knap hundrede års
herredømme

**fuerzas productivas más masivas y colosales que todas las
generaciones precedentes juntas**

mere massive og kolossale produktivkræfter end alle tidligere
generationer tilsammen
**Las fuerzas de la naturaleza están subyugadas a la voluntad
del hombre y su maquinaria**
Naturens kræfter er underlagt menneskets vilje og dets
maskineri
**La química se aplica a todas las formas de industria y tipos
de agricultura**
Kemi anvendes til alle former for industri og typer af landbrug
**la navegación a vapor, los ferrocarriles, los telégrafos
eléctricos y la imprenta**
dampfart, jernbaner, elektriske telegrafer og trykpressen
**desbroce de continentes enteros para el cultivo, canalización
de ríos**
rydning af hele kontinenter til dyrkning, kanalisering af floder
**Poblaciones enteras han sido sacadas de la tierra y puestas a
trabajar**
hele befolkninger er blevet tryllet op af jorden og sat i arbejde
**¿Qué siglo anterior tuvo siquiera un presentimiento de lo
que podría desencadenarse?**
hvilket tidligere århundrede havde overhovedet en foranelse
om, hvad der kunne slippes løs?
**¿Quién predijo que tales fuerzas productivas dormitaban en
el regazo del trabajo social?**
Hvem forudså, at sådanne produktivkræfter slumrede i
skødet på det sociale arbejde?
**Vemos, pues, que los medios de producción y de
intercambio se generaban en la sociedad feudal**
Vi ser da, at produktions- og udvekslingsmidlerne blev skabt i
det feudale samfund
**los medios de producción sobre cuyos cimientos se
construyó la burguesía**
de produktionsmidler, på hvis grundlag bourgeoisiet byggede
sig selv
**En una determinada etapa del desarrollo de estos medios de
producción y de intercambio**

På et vist stadium i udviklingen af disse produktions- og udvekslingsmidler

las condiciones bajo las cuales la sociedad feudal producía e intercambiaba

betingelserne for det feudale samfunds produktion og udveksling af

La organización feudal de la agricultura y la industria manufacturera

Den feudale organisation af landbrug og fremstillingsindustri

Las relaciones feudales de propiedad ya no eran compatibles con las condiciones materiales

de feudale ejendomsforhold ikke længere var forenelige med de materielle betingelser

Tuvieron que ser reventados en pedazos, por lo que fueron reventados en pedazos

De måtte sprænges i stykker, så de blev sprængt i stykker

En su lugar entró la libre competencia de las fuerzas productivas

I deres sted trådte fri konkurrence fra produktivkræfterne

y fueron acompañadas de una constitución social y política adaptada a ella

og de blev ledsaget af en social og politisk forfatning, der var tilpasset den

y fue acompañado por el dominio económico y político de la burguesía

og den blev ledsaget af borgerskabets økonomiske og politiske herredømme

Un movimiento similar está ocurriendo ante nuestros propios ojos

En lignende bevægelse foregår for øjnene af os selv

La sociedad burguesa moderna con sus relaciones de producción, de intercambio y de propiedad

Det moderne borgerlige samfund med dets produktions-, bytte- og ejendomsforhold

una sociedad que ha conjurado medios de producción y de intercambio tan gigantescos

et samfund, der har fremtryllet så gigantiske produktions- og udvekslingsmidler

Es como el hechicero que invocó los poderes del mundo inferior

Det er som troldmanden, der kaldte kræfterne i underverdenen frem

Pero ya no es capaz de controlar lo que ha traído al mundo

men han er ikke længere i stand til at kontrollere, hvad han har bragt ind i verden

Durante muchas décadas, la historia pasada estuvo unida por un hilo conductor

I mange årtier var historien bundet sammen af en rød tråd

La historia de la industria y del comercio no ha sido más que la historia de las revueltas

Industriens og handelens historie har kun været oprørets historie

las revueltas de las fuerzas productivas modernas contra las condiciones modernas de producción

de moderne produktivkræfters oprør mod de moderne produktionsbetingelser

Las revueltas de las fuerzas productivas modernas contra las relaciones de propiedad

de moderne produktivkræfters oprør mod ejendomsforholdene

estas relaciones de propiedad son las condiciones para la existencia de la burguesía

disse ejendomsforhold er betingelserne for bourgeoisiets eksistens

y la existencia de la burguesía determina las reglas de las relaciones de propiedad

og bourgeoisiets eksistens bestemmer reglerne for ejendomsforholdene

Baste mencionar el retorno periódico de las crisis comerciales

Det er nok at nævne den periodiske tilbagevenden af kommercielle kriser

cada crisis comercial es más amenazante para la sociedad burguesa que la anterior
hver handelskrise er mere truende for borgerskabets samfund end den forrige.

En estas crisis se destruye gran parte de los productos existentes
I disse kriser ødelægges en stor del af de eksisterende produkter

Pero estas crisis también destruyen las fuerzas productivas previamente creadas
Men disse kriser ødelægger også de tidligere skabte produktivkræfter

En todas las épocas anteriores, estas epidemias habrían parecido un absurdo
I alle tidligere epoker ville disse epidemier have virket som en absurditet

porque estas epidemias son las crisis comerciales de la sobreproducción
fordi disse epidemier er de kommercielle kriser med overproduktion

De repente, la sociedad se encuentra de nuevo en un estado de barbarie momentánea
Samfundet befinder sig pludselig i en tilstand af kortvarigt barbari

como si una guerra universal de devastación hubiera cortado todos los medios de subsistencia
som om en universel ødelæggelseskrig havde afskåret ethvert livsfornødent subsistensmiddel

la industria y el comercio parecen haber sido destruidos; ¿Y por qué?
industri og handel synes at være blevet ødelagt; Og hvorfor?

Porque hay demasiada civilización y medios de subsistencia
Fordi der er for meget civilisation og midler til underhold

y porque hay demasiada industria y demasiado comercio
og fordi der er for meget industri og for meget handel

Las fuerzas productivas a disposición de la sociedad ya no desarrollan la propiedad burguesa
De produktivkræfter, der står til samfundets rådighed, udvikler ikke længere borgerskabets ejendom
por el contrario, se han vuelto demasiado poderosos para estas condiciones, por las cuales están encadenados
tværtimod er de blevet for stærke til disse forhold, som de er lænket af
tan pronto como superan estas cadenas, traen el desorden a toda la sociedad burguesa
så snart de overvinder disse lænker, bringer de uorden ind i hele det borgerlige samfund
y las fuerzas productivas ponen en peligro la existencia de la propiedad burguesa
og produktivkræfterne bringer borgerskabets ejendomsret i fare
Las condiciones de la sociedad burguesa son demasiado estrechas para abarcar la riqueza creada por ellas
Betingelserne i det borgerlige samfund er for snævre til at omfatte den rigdom, de har skabt
¿Y cómo supera la burguesía estas crisis?
Og hvordan kommer borgerskabet over disse kriser?
Por un lado, supera estas crisis mediante la destrucción forzada de una masa de fuerzas productivas
På den ene side overvinder den disse kriser ved den tvungne ødelæggelse af en masse produktivkræfter
por otro lado, supera estas crisis mediante la conquista de nuevos mercados
På den anden side overvinder den disse kriser ved at erobre nye markeder
y supera estas crisis mediante la explotación más completa de las viejas fuerzas productivas
og den overvinder disse kriser ved en mere grundig udnyttelse af de gamle produktivkræfter
Es decir, allanando el camino para crisis más extensas y destructivas

Det vil sige ved at bane vejen for mere omfattende og mere destruktive kriser

supera la crisis disminuyendo los medios para prevenir las crisis

Den overvinder krisen ved at mindske midlerne til at forebygge kriser

Las armas con las que la burguesía derribó el feudalismo se vuelven ahora contra sí misma

De våben, hvormed bourgeoisiet fældede feudalismen til jorden, er nu vendt mod sig selv

Pero la burguesía no sólo ha forjado las armas que le dan la muerte

Men ikke alene har borgerskabet smedet de våben, der bringer død til det selv

También ha llamado a la existencia a los hombres que han de empuñar esas armas

den har også fremkaldt de mænd, der skal bruge disse våben

Y estos hombres son la clase obrera moderna; Son los proletarios

og disse mænd er den moderne arbejderklasse; de er proletarerne

En la misma proporción en que se desarrolla la burguesía, en la misma proporción se desarrolla el proletariado

I samme forhold som bourgeoisiet udvikles, udvikles proletariatet i samme forhold

La clase obrera moderna desarrolló una clase de trabajadores

Den moderne arbejderklasse udviklede en klasse af arbejdere

Esta clase de obreros vive sólo mientras encuentran trabajo

Denne klasse af arbejdere lever kun, så længe de finder arbejde

y sólo encuentran trabajo mientras su trabajo aumenta el capital

og de finder kun arbejde, så længe deres arbejde øger kapitalen

Estos obreros, que deben venderse a destajo, son una mercancía

Disse arbejdere, som må sælge sig selv stykkevis, er en vare

Estos obreros son como cualquier otro artículo de comercio

Disse arbejdere er som enhver anden handelsvare

y, en consecuencia, están expuestos a todas las vicisitudes de la competencia

og de er derfor udsat for alle konkurrencens omskiftelser

Tienen que capear todas las fluctuaciones del mercado

de er nødt til at klare alle udsving på markedet

Debido al uso extensivo de maquinaria y a la división del trabajo

På grund af den omfattende brug af maskiner og arbejdsdeling

El trabajo de los proletarios ha perdido todo carácter individual

Proletarernes arbejde har mistet al individuel karakter

y, en consecuencia, el trabajo de los proletarios ha perdido todo encanto para el obrero

og som følge heraf har proletarernes arbejde mistet al charme for arbejderen

Se convierte en un apéndice de la máquina, en lugar del hombre que una vez fue

Han bliver et vedhæng til maskinen, snarere end den mand, han engang var

Sólo se requiere de él la habilidad más simple, monótona y más fácil de adquirir

kun den mest enkle, ensformige og lettest erhvervede evne kræves af ham

Por lo tanto, el costo de producción de un trabajador está restringido

Derfor er produktionsomkostningerne for en arbejder begrænset

se restringe casi por completo a los medios de subsistencia que necesita para su manutención

den er næsten udelukkende begrænset til de subsistensmidler, som han har brug for til sit underhold

y se restringe a los medios de subsistencia que necesita para la propagación de su raza

og det er begrænset til de livsfornødenheder, som han har brug for til at udbrede sin race

Pero el precio de una mercancía, y por lo tanto también del trabajo, es igual a su costo de producción

Men prisen på en vare og dermed også på arbejde er lig med dens produktionsomkostninger

Por lo tanto, a medida que aumenta la repulsividad del trabajo, disminuye el salario

I takt med at arbejdets frastødende karakter øges, falder lønnen derfor

Es más, la repulsión de su obra aumenta a un ritmo aún mayor

Nej, frastødeligheden i hans arbejde øges endnu hurtigere

A medida que aumenta el uso de maquinaria y la división del trabajo, también lo hace la carga del trabajo

Efterhånden som brugen af maskiner og arbejdsdelingen øges, øges også arbejdsbyrden

La carga del trabajo se incrementa con la prolongación de las horas de trabajo

Arbejdsbyrden øges ved forlængelse af arbejdstiden

Se espera más del obrero en el mismo tiempo que antes

Der forventes mere af arbejderen på samme tid som tidligere

Y, por supuesto, la carga del trabajo aumenta por la velocidad de la maquinaria

og selvfølgelig øges byrden af sliddet af maskineriets hastighed

La industria moderna ha convertido el pequeño taller del amo patriarcal en la gran fábrica del capitalista industrial

Den moderne industri har forvandlet den patriarkalske mesters lille værksted til industrikapitalistens store fabrik

Las masas de obreros, hacinados en la fábrica, están organizadas como soldados

Masser af arbejdere, der er stuvet sammen på fabrikken, er organiseret som soldater

Como soldados rasos del ejército industrial están bajo el mando de una jerarquía perfecta de oficiales y sargentos

Som menige i industrihæren er de sat under kommando af et perfekt hierarki af officerer og sergenter

no sólo son esclavos de la burguesía y del Estado

de er ikke kun slaver af borgerskabet, klassen og staten

pero también son esclavizados diariamente y cada hora por la máquina

men de er også dagligt og timeligt slaver af maskinen

están esclavizados por el vigilante y, sobre todo, por el propio fabricante burgués

de er slaver af overskueren og frem for alt af den enkelte borgerskabsfabrikant selv

Cuanto más abiertamente proclama este despotismo que la ganancia es su fin y su fin, tanto más mezquino, más odioso y más amargo es

Jo mere åbent dette despoti proklamerer gevinst som dets mål og mål, jo mere småligt, jo mere hadefuldt og jo mere bittert er det

Cuanto más se desarrolla la industria moderna, menores son las diferencias entre los sexos

Jo mere moderne industrien udvikler sig, desto mindre er forskellene mellem kønnene

Cuanto menor es la habilidad y el ejercicio de la fuerza implícitos en el trabajo manual, tanto más el trabajo de los hombres es reemplazado por el de las mujeres

Jo mindre dygtighed og anstrengelse af kræfter der ligger i manuelt arbejde, jo mere bliver mændenes arbejde erstattet af kvindernes

Las diferencias de edad y sexo ya no tienen ninguna validez social distintiva para la clase obrera

Forskelle i alder og køn har ikke længere nogen særlig social gyldighed for arbejderklassen

Todos son instrumentos de trabajo, más o menos costosos de usar, según su edad y sexo

Alle er arbejdsredskaber, der er mere eller mindre dyre at
bruge, alt efter deres alder og køn
**tan pronto como el obrero recibe su salario en efectivo, es
atacado por las otras partes de la burguesía**
så snart arbejderen får sin løn i kontanter, bliver han sat på af
de andre dele af bourgeoisiet
el propietario, el tendero, el prestamista, etc
udlejeren, butiksejeren, pantelåneren osv
**Los estratos más bajos de la clase media; los pequeños
comerciantes y tenderos**
De lavere lag af middelklassen; de små håndværkere og
butiksejere
**los comerciantes jubilados en general, y los artesanos y
campesinos**
de pensionerede handelsmænd i almindelighed, og
håndværkerne og bønderne
todo esto se hunde poco a poco en el proletariado
alt dette synker lidt efter lidt ind i proletariatet
**en parte porque su minúsculo capital no basta para la escala
en que se desarrolla la industria moderna**
Til dels fordi deres lille kapital ikke er tilstrækkelig til den
størrelse, hvorpå den moderne industri drives
**y porque está inundada en la competencia con los grandes
capitalistas**
og fordi den er oversvømmet i konkurrencen med de store
kapitalister
**en parte porque sus habilidades especializadas se vuelven
inútiles por los nuevos métodos de producción**
Dels fordi deres specialiserede færdigheder bliver værdiløse af
de nye produktionsmetoder
**De este modo, el proletariado es reclutado entre todas las
clases de la población**
Således rekrutteres proletariatet fra alle befolkningsklasser
El proletariado pasa por varias etapas de desarrollo
Proletariatet gennemgår forskellige udviklingsstadier
Con su nacimiento comienza su lucha con la burguesía

Med dens fødsel begynder dens kamp mod bourgeoisiet
Al principio, la contienda es llevada a cabo por trabajadores individuales
I begyndelsen føres konkurrencen af individuelle arbejdere
Entonces el concurso es llevado a cabo por los obreros de una fábrica
Derefter føres konkurrencen af arbejderne på en fabrik
Entonces la contienda es llevada a cabo por los operarios de un oficio, en una localidad
så føres konkurrencen af arbejdere fra et på et sted
y la contienda es entonces contra la burguesía individual que los explota directamente
og kampen er så mod det enkelte borgerskab, der direkte udbytter dem
No dirigen sus ataques contra las condiciones de producción de la burguesía
De retter ikke deres angreb mod bourgeoisiets produktionsbetingelser
pero dirigen su ataque contra los propios instrumentos de producción
men de retter deres angreb mod selve produktionsmidlerne
destruyen mercancías importadas que compiten con su mano de obra
de destruerer importerede varer, der konkurrerer med deres arbejdskraft
Hacen pedazos la maquinaria y prenden fuego a las fábricas
De smadrer maskiner, og de sætter fabrikker i brand
tratan de restaurar por la fuerza el estado desaparecido del obrero de la Edad Media
de søger med magt at genoprette den forsvundne status som middelalderens arbejdere
En esta etapa, los obreros forman todavía una masa incoherente dispersa por todo el país
På dette stadium udgør arbejderne endnu en usammenhængende masse, der er spredt ud over hele landet
y se rompen por su mutua competencia

og de er brudt op af deres gensidige konkurrence

Si en alguna parte se unen para formar cuerpos más compactos, esto no es todavía la consecuencia de su propia unión activa

Hvis de noget sted forener sig for at danne mere kompakte kroppe, er det endnu ikke konsekvensen af deres egen aktive forening

pero es una consecuencia de la unión de la burguesía, para alcanzar sus propios fines políticos

men det er en konsekvens af bourgeoisiets forening for at nå sine egne politiske mål

la burguesía se ve obligada a poner en movimiento a todo el proletariado

bourgeoisiet er tvunget til at sætte hele proletariatet i bevægelse

y además, por un momento, la burguesía es capaz de hacerlo

og desuden er bourgeoisiet for en tid i stand til at gøre det

Por lo tanto, en esta etapa, los proletarios no luchan contra sus enemigos

På dette stadium bekæmper proletarerne derfor ikke deres fjender

sino que están luchando contra los enemigos de sus enemigos

men i stedet kæmper de mod deres fjenders fjender

la lucha contra los restos de la monarquía absoluta y los terratenientes

kampen mod resterne af enevælden og godsejerne

luchan contra la burguesía no industrial; la pequeña burguesía

de bekæmper det ikke-industrielle borgerskab; småborgerskabet

De este modo, todo el movimiento histórico se concentra en manos de la burguesía

Således er hele den historiske bevægelse koncentreret i bourgeoisiets hænder

cada victoria así obtenida es una victoria para la burguesía

enhver sejr, der opnås på denne måde, er en sejr for
bourgeoisiet

**Pero con el desarrollo de la industria, el proletariado no sólo
aumenta en número**

Men med industriens udvikling vokser proletariatet ikke blot i
antal

**el proletariado se concentra en grandes masas y su fuerza
crece**

proletariatet bliver koncentreret i større masser, og dets styrke
vokser

y el proletariado siente cada vez más esa fuerza

og proletariatet føler denne styrke mere og mere

**Los diversos intereses y condiciones de vida en las filas del
proletariado se igualan cada vez más**

De forskellige interesser og livsbetingelser inden for
proletariatets rækker bliver mere og mere ligestillet

**se vuelven más proporcionales a medida que la maquinaria
borra todas las distinciones de trabajo**

de bliver mere proportionelle, efterhånden som maskineriet
udsletter alle forskelle i arbejdet

**y la maquinaria reduce los salarios al mismo nivel bajo en
casi todas partes**

og maskiner næsten overalt sænker lønningerne til det samme
lave niveau

**La creciente competencia entre la burguesía, y las crisis
comerciales resultantes, hacen que los salarios de los obreros
sean cada vez más fluctuantes**

Den voksende konkurrence mellem bourgeoisiet og de deraf
følgende handelskriser gør arbejdernes lønninger stadig mere
svingende

**La mejora incesante de la maquinaria, que se desarrolla cada
vez más rápidamente, hace que sus medios de vida sean cada
vez más precarios**

Den uophørlige forbedring af maskinerne, der udvikler sig
stadig hurtigere, gør deres levebrød mere og mere usikkert

los choques entre obreros individuales y burgueses
individuales toman cada vez más el carácter de choques
entre dos clases
sammenstødene mellem de enkelte arbejdere og det
individuelle bourgeoisi får mere og mere karakter af
sammenstød mellem to klasser
A partir de ese momento, los obreros comienzan a formar
uniones (sindicatos) contra la burguesía
Derpå begynder arbejderne at danne kombinationer
(fagforeninger) mod bourgeoisiet
se agrupan para mantener el ritmo de los salarios
de slår sig sammen for at holde lønningerne oppe
Fundaron asociaciones permanentes para hacer frente de
antemano a estas revueltas ocasionales
de dannede permanente sammenslutninger for på forhånd at
sørge for disse lejlighedsvise opstande
Aquí y allá la contienda estalla en disturbios
Her og der bryder kampen ud i optøjer
De vez en cuando los obreros salen victoriosos, pero sólo por
un tiempo
Af og til sejrer arbejderne, men kun for en tid
El verdadero fruto de sus batallas no reside en el resultado
inmediato, sino en la unión cada vez mayor de los
trabajadores
Den virkelige frugt af deres kampe ligger ikke i det
umiddelbare resultat, men i den stadigt voksende forening af
arbejderne
Esta unión se ve favorecida por la mejora de los medios de
comunicación creados por la industria moderna
Denne fagforening hjælpes videre af de forbedrede
kommunikationsmidler, der skabes af den moderne industri
La comunicación moderna pone en contacto a los
trabajadores de diferentes localidades
moderne kommunikation sætter arbejdere fra forskellige
lokaliteter i kontakt med hinanden

Era precisamente este contacto el que se necesitaba para centralizar las numerosas luchas locales en una lucha nacional entre clases

Det var netop denne kontakt, der var nødvendig for at centralisere de mange lokale kampe til en national kamp mellem klasserne

Todas estas luchas tienen el mismo carácter, y toda lucha de clases es una lucha política

Alle disse kampe er af samme karakter, og enhver klassekamp er en politisk kamp

los burgueses de la Edad Media, con sus miserables carreteras, necesitaron siglos para formar sus uniones

Middelalderens borgere med deres elendige veje krævede århundreder for at danne deres foreninger

Los proletarios modernos, gracias a los ferrocarriles, logran sus sindicatos en pocos años

De moderne proletarer opnår takket være jernbanerne deres foreninger i løbet af få år

Esta organización de los proletarios en una clase los formó, por consiguiente, en un partido político

Denne organisering af proletarerne i en klasse dannede dem derfor til et politisk parti

La clase política se ve continuamente molesta por la competencia entre los propios trabajadores

Den politiske klasse bliver igen og igen oprørt af konkurrencen mellem arbejderne selv

Pero la clase política sigue levantándose de nuevo, más fuerte, más firme, más poderosa

Men den politiske klasse fortsætter med at rejse sig igen, stærkere, fastere, mægtigere

Obliga al reconocimiento legislativo de los intereses particulares de los trabajadores

Den tvinger til lovgivningsmæssig anerkendelse af arbejdstagernes særlige interesser

lo hace aprovechándose de las divisiones en el seno de la propia burguesía

det gør det ved at drage fordel af splittelsen inden for
bourgeoisiet selv
**De este modo, el proyecto de ley de las diez horas en
Inglaterra se convirtió en ley**
Således blev ti-timers-loven i England sat i kraft
**en muchos sentidos, las colisiones entre las clases de la vieja
sociedad son, además, el curso del desarrollo del
proletariado**
på mange måder er sammenstødene mellem klasserne i det
gamle samfund yderligere proletariatets udviklingsforløb
La burguesía se ve envuelta en una batalla constante
Bourgeoisiet befinder sig i en konstant kamp
**Al principio se verá envuelto en una batalla constante con la
aristocracia**
I begyndelsen vil den finde sig selv involveret i en konstant
kamp med aristokratiet
**más tarde se verá envuelta en una batalla constante con esas
partes de la propia burguesía**
senere vil det finde sig selv involveret i en konstant kamp med
disse dele af bourgeoisiet selv
**y sus intereses se habrán vuelto antagónicos al progreso de
la industria**
og deres interesser vil være blevet fjendtlige over for
industriens fremskridt
**en todo momento, sus intereses se habrán vuelto
antagónicos con la burguesía de los países extranjeros**
til alle tider vil deres interesser være blevet fjendtlige med
borgerskabet i fremmede lande
**En todas estas batallas se ve obligado a apelar al proletariado
y pide su ayuda**
I alle disse kampe ser det sig nødsaget til at appellere til
proletariatet og beder om dets hjælp
**y, por lo tanto, se sentirá obligado a arrastrarlo a la arena
política**
og derfor vil den føle sig tvunget til at trække den ind på den
politiske arena

La burguesía misma, por lo tanto, suministra al proletariado sus propios instrumentos de educación política y general
Bourgeoisiet selv forsyner derfor proletariatet med sine egne instrumenter til politisk og almindelig opdragelse
en otras palabras, suministra al proletariado armas para luchar contra la burguesía
med andre ord, den forsyner proletariatet med våben til at bekæmpe bourgeoisiet
Además, como ya hemos visto, sectores enteros de las clases dominantes se precipitan en el proletariado
Som vi allerede har set, er desuden hele dele af de herskende klasser styrtet ind i proletariatet
el avance de la industria los absorbe en el proletariado
industriens fremskridt suger dem ind i proletariatet
o, al menos, están amenazados en sus condiciones de existencia
eller i det mindste er de truet i deres eksistensbetingelser
Estos también suministran al proletariado nuevos elementos de ilustración y progreso
Disse forsyner også proletariatet med nye elementer af oplysning og fremskridt
Finalmente, en momentos en que la lucha de clases se acerca a la hora decisiva
Endelig, i tider, hvor klassekampen nærmer sig den afgørende time
el proceso de disolución que se está llevando a cabo en el seno de la clase dominante
den opløsningsproces, der foregår inden for den herskende klasse
De hecho, la disolución que se está produciendo en el seno de la clase dominante se sentirá en toda la sociedad
Faktisk vil den opløsning, der finder sted inden for den herskende klasse, kunne mærkes inden for hele samfundet
Tomará un carácter tan violento y deslumbrante, que un pequeño sector de la clase dominante se quedará a la deriva

den vil antage en så voldelig, iøjnefaldende karakter, at en lille
del af den herskende klasse skærer sig selv på afveje
y esa clase dominante se unirá a la clase revolucionaria
og den herskende klasse vil slutte sig til den revolutionære
klasse
**La clase revolucionaria es la clase que tiene el futuro en sus
manos**
den revolutionære klasse er den klasse, der holder fremtiden i
sine hænder
**Al igual que en un período anterior, una parte de la nobleza
se pasó a la burguesía**
Ligesom i en tidligere periode gik en del af adelen over til
bourgeoisiet
**de la misma manera que una parte de la burguesía se pasará
al proletariado**
på samme måde vil en del af bourgeoisiet gå over til
proletariatet
**en particular, una parte de la burguesía pasará a una parte de
los ideólogos de la burguesía**
især vil en del af bourgeoisiet gå over til en del af
bourgeoisiets ideologer
**Ideólogos burgueses que se han elevado al nivel de
comprender teóricamente el movimiento histórico en su
conjunto**
Borgerskabsideologer, der har hævet sig selv til det niveau, at
de teoretisk forstår den historiske bevægelse som helhed
**De todas las clases que hoy se encuentran frente a frente con
la burguesía, sólo el proletariado es una clase realmente
revolucionaria**
Af alle de klasser, der står ansigt til ansigt med bourgeoisiet i
dag, er proletariatet alene en virkelig revolutionær klasse
**Las otras clases decaen y finalmente desaparecen frente a la
industria moderna**
De andre klasser forfalder og forsvinder til sidst i lyset af den
moderne industri
el proletariado es su producto especial y esencial

proletariatet er dets særlige og væsentlige produkt

La clase media baja, el pequeño fabricante, el tendero, el artesano, el campesino

Den lavere middelklasse, den lille fabrikant, butiksejeren, håndværkeren, bonden

todos ellos luchan contra la burguesía

alle disse kampe mod bourgeoisiet

Luchan como fracciones de la clase media para salvarse de la extinción

de kæmper som fraktioner af middelklassen for at redde sig selv fra udryddelse

Por lo tanto, no son revolucionarios, sino conservadores

De er derfor ikke revolutionære, men konservative

Más aún, son reaccionarios, porque tratan de hacer retroceder la rueda de la historia

Nej, de er reaktionære, for de forsøger at rulle historiens hjul tilbage

Si por casualidad son revolucionarios, lo son sólo en vista de su inminente transferencia al proletariado

Hvis de tilfældigvis er revolutionære, så er de det kun i betragtning af deres forestående overførsel til proletariatet

Por lo tanto, no defienden sus intereses presentes, sino sus intereses futuros

De forsvarer således ikke deres nuværende, men deres fremtidige interesser

abandonan su propio punto de vista para situarse en el del proletariado

de forlader deres eget standpunkt for at placere sig på proletariatets standpunkt

La "clase peligrosa", la escoria social, esa masa pasivamente putrefacta arrojada por las capas más bajas de la vieja sociedad

Den "farlige klasse", det sociale afskum, den passivt rådnende masse, der kastes af de laveste lag i det gamle samfund

pueden, aquí y allá, ser arrastrados al movimiento por una revolución proletaria

de kan her og der blive fejet ind i bevægelsen af en proletarisk revolution

Sus condiciones de vida, sin embargo, la preparan mucho más para el papel de un instrumento sobornado de la intriga reaccionaria

Dens livsbetingelser forbereder den imidlertid langt mere til rollen som et bestukket redskab for reaktionære intriger

En las condiciones del proletariado, los de la vieja sociedad en general están ya virtualmente desbordados

Under proletariatets forhold er det gamle samfunds forhold allerede praktisk talt oversvømmet

El proletario carece de propiedad

Proletaren er uden ejendom

su relación con su mujer y sus hijos ya no tiene nada en común con las relaciones familiares de la burguesía

hans forhold til hustru og børn har ikke længere noget til fælles med bourgeoisiets familieforhold

el trabajo industrial moderno, el sometimiento moderno al capital, lo mismo en Inglaterra que en Francia, en Estados Unidos como en Alemania

moderne industriarbejde, moderne underkastelse under kapitalen, det samme i England som i Frankrig, i Amerika som i Tyskland

Su condición en la sociedad lo ha despojado de todo rastro de carácter nacional

hans tilstand i samfundet har berøvet ham ethvert spor af national karakter

El derecho, la moral, la religión, son para él otros tantos prejuicios burgueses

Lov, moral, religion er for ham så mange borgerlige fordomme

y detrás de estos prejuicios acechan emboscados otros tantos intereses burgueses

og bag disse fordomme lurer i baghold lige så mange borgerlige interesser

Todas las clases precedentes que se impusieron trataron de fortalecer su estatus ya adquirido

Alle de foregående klasser, der fik overtaget, søgte at befæste deres allerede erhvervede status

Lo hicieron sometiendo a la sociedad en general a sus condiciones de apropiación

Det gjorde de ved at underkaste samfundet som helhed deres tilegnelsesbetingelser

Los proletarios no pueden llegar a ser dueños de las fuerzas productivas de la sociedad

Proletarerne kan ikke blive herrer over samfundets produktivkræfter

sólo puede hacerlo aboliendo su propio modo anterior de apropiación

Det kan den kun gøre ved at afskaffe deres egen tidligere tilegnelsesmåde

y, por lo tanto, también suprime cualquier otro modo anterior de apropiación

og derved afskaffer den også alle andre tidligere måder at tilegne sig på

No tienen nada propio que asegurar y fortificar

De har intet af deres eget at sikre og befæste

Su misión es destruir todos los valores y seguros anteriores de la propiedad individual

deres mission er at destruere alle tidligere sikkerhedsstillelser for og forsikringer af individuel ejendom

Todos los movimientos históricos anteriores fueron movimientos de minorías

Alle tidligere historiske bevægelser var bevægelser af minoriteter

o eran movimientos en interés de las minorías

eller de var bevægelser i mindretals interesse

El movimiento proletario es el movimiento consciente e independiente de la inmensa mayoría

Den proletariske bevægelse er det uhyre flertals selvbevidste, uafhængige bevægelse

Y es un movimiento en interés de la inmensa mayoría

og det er en bevægelse i det uhyre flertals interesse

El proletariado, el estrato más bajo de nuestra sociedad actual

Proletariatet, det laveste lag i vort nuværende samfund

no puede agitarse ni elevarse sin que todos los estratos superiores de la sociedad oficial salgan al aire

den kan ikke røre sig eller rejse sig, uden at hele det officielle samfunds overordnede lag springer op i luften

Aunque no en el fondo, sí en la forma, la lucha del proletariado con la burguesía es, al principio, una lucha nacional

Skønt den ikke er indholdsmæssig, så er proletariatets kamp mod bourgeoisiet i begyndelsen en national kamp

El proletariado de cada país debe, por supuesto, en primer lugar arreglar las cosas con su propia burguesía

Proletariatet i hvert land må naturligvis først og fremmest afgøre sagen med sit eget bourgeoisi

Al describir las fases más generales del desarrollo del proletariado, hemos trazado la guerra civil más o menos velada

Ved at skildre de mest generelle faser af proletariatets udvikling sporede vi den mere eller mindre tilslørede borgerkrig

Este civil está haciendo estragos dentro de la sociedad existente

Denne civile raser i det eksisterende samfund

Se enfurecerá hasta el punto en que esa guerra estalle en una revolución abierta

den vil rase indtil det punkt, hvor krigen bryder ud i åben revolution

y luego el derrocamiento violento de la burguesía sienta las bases para el dominio del proletariado

og så lægger den voldelige omstyrtelse af bourgeoisiet grunden til proletariatets herredømme

Hasta ahora, todas las formas de sociedad se han basado, como ya hemos visto, en el antagonismo de las clases opresoras y oprimidas

Hidtil har enhver form for samfund, som vi allerede har set, været baseret på modsætningen mellem undertrykkende og undertrykte klasser

Pero para oprimir a una clase, hay que asegurarle ciertas condiciones

Men for at undertrykke en klasse må visse betingelser sikres den

La clase debe ser mantenida en condiciones en las que pueda, por lo menos, continuar su existencia servil

klassen skal holdes under forhold, hvor den i det mindste kan fortsætte sin slaviske tilværelse

El siervo, en el período de la servidumbre, se elevaba a la comuna

Den livegne ophøjede sig i livegenskabsperioden til medlemskab af kommunen

del mismo modo que la pequeña burguesía, bajo el yugo del absolutismo feudal, logró convertirse en burguesía

ligesom småborgerskabet under den feudale absolutismes åg formåede at udvikle sig til et bourgeoisi

El obrero moderno, por el contrario, en lugar de elevarse con el progreso de la industria, se hunde cada vez más

Den moderne arbejder derimod synker dybere og dybere i stedet for at stige med industriens fremskridt

se hunde por debajo de las condiciones de existencia de su propia clase

han synker under sin egen klasses eksistensbetingelser

Se convierte en un indigente, y el pauperismo se desarrolla más rápidamente que la población y la riqueza

Han bliver en fattiglem, og fattigdommen udvikler sig hurtigere end befolkning og rigdom

Y aquí se hace evidente que la burguesía ya no es apta para ser la clase dominante de la sociedad

Og her bliver det klart, at bourgeoisiet ikke længere er egnet til at være den herskende klasse i samfundet

y no es apta para imponer sus condiciones de existencia a la sociedad como una ley imperativa

og det er uegnet at påtvinge samfundet sine
eksistensbetingelser som en overordnet lov
**Es incapaz de gobernar porque es incapaz de asegurar una
existencia a su esclavo dentro de su esclavitud**
Den er uegnet til at regere, fordi den er inkompetent til at sikre
sin slave en eksistens i sit slaveri
**porque no puede evitar dejarlo hundirse en tal estado, que
tiene que alimentarlo, en lugar de ser alimentado por él**
fordi den ikke kan lade ham synke ned i en sådan tilstand, at
den må fodre ham i stedet for at blive fodret af ham
La sociedad ya no puede vivir bajo esta burguesía
Samfundet kan ikke længere leve under dette bourgeoisi
**En otras palabras, su existencia ya no es compatible con la
sociedad**
Med andre ord er dens eksistens ikke længere forenelig med
samfundet
**La condición esencial para la existencia y el dominio de la
burguesía es la formación y el aumento del capital**
Den væsentlige betingelse for bourgeoisiets klasses eksistens
og herravälde er kapitalens dannelse og forøgelse
La condición del capital es el trabajo asalariado
Kapitalens betingelse er lønarbejde
**El trabajo asalariado se basa exclusivamente en la
competencia entre los trabajadores**
Lønarbejdet hviler udelukkende på konkurrencen mellem
arbejderne
**El avance de la industria, cuyo promotor involuntario es la
burguesía, sustituye al aislamiento de los obreros**
Industriens fremskridt, hvis ufrivillige fortaler er bourgeoisiet,
erstatter arbejdernes isolation
**por la competencia, por su combinación revolucionaria, por
la asociación**
på grund af konkurrence, på grund af deres revolutionære
kombination, på grund af

El desarrollo de la industria moderna corta bajo sus pies los cimientos mismos sobre los cuales la burguesía produce y se apropia de los productos

Den moderne industris udvikling skærer selve grundlaget for bourgeoisiets produktion og tilegner sig produkter under dens fødder

Lo que la burguesía produce, sobre todo, son sus propios sepultureros

Det, bourgeoisiet frembringer, er frem for alt sine egne gravere

La caída de la burguesía y la victoria del proletariado son igualmente inevitables

Bourgeoisiets fald og proletariatets sejr er lige så uundgåelige

Proletarios y comunistas
Proletarer og kommunister

¿Qué relación tienen los comunistas con el conjunto de los proletarios?
I hvilket forhold står kommunisterne til proletarerne som helhed?

Los comunistas no forman un partido separado opuesto a otros partidos de la clase obrera
Kommunisterne danner ikke et særskilt parti i modsætning til andre arbejderpartier

No tienen intereses separados y aparte de los del proletariado en su conjunto
De har ingen interesser, der er adskilt fra og adskilt fra proletariatets interesser som helhed

No establecen ningún principio sectario propio, con el cual dar forma y moldear el movimiento proletario
De opstiller ikke deres egne sekteriske principper, hvormed de kan forme og forme den proletariske bevægelse

Los comunistas se distinguen de los demás partidos obreros sólo por dos cosas
Kommunisterne adskiller sig kun fra de andre arbejderpartier ved to ting

En primer lugar, señalan y ponen en primer plano los intereses comunes de todo el proletariado, independientemente de toda nacionalidad
For det første peger de på og bringer hele proletariatets fælles interesser i forgrunden, uafhængigt af enhver nationalitet

Esto lo hacen en las luchas nacionales de los proletarios de los diferentes países
Dette gør de i de forskellige landes proletarers nationale kampe

En segundo lugar, siempre y en todas partes representan los intereses del movimiento en su conjunto
For det andet repræsenterer de altid og overalt bevægelsens interesser som helhed

esto lo hacen en las diversas etapas de desarrollo por las que tiene que pasar la lucha de la clase obrera contra la burguesía

dette gør de på de forskellige udviklingstrin, som arbejderklassens kamp mod bourgeoisiet skal igennem

Los comunistas son, por lo tanto, por una parte, prácticamente, el sector más avanzado y resuelto de los partidos obreros de todos los países

Kommunisterne er derfor på den ene side praktisk talt den mest fremskredne og beslutsomme del af arbejderpartierne i ethvert land

Son ese sector de la clase obrera que empuja hacia adelante a todos los demás

de er den del af arbejderklassen, der skubber alle andre frem

Teóricamente, también tienen la ventaja de entender claramente la línea de marcha

Teoretisk set har de også den fordel, at de klart forstår marchlinjen

Esto lo comprenden mejor comparado con la gran masa del proletariado

Dette forstår de bedre sammenlignet med proletariatets store masse

Comprenden las condiciones y los resultados generales finales del movimiento proletario

De forstår den proletariske bevægelses betingelser og endelige almene resultater

El objetivo inmediato del comunista es el mismo que el de todos los demás partidos proletarios

Det kommunistiske umiddelbare mål er det samme som alle de andre proletariske partiers

Su objetivo es la formación del proletariado en una clase

deres mål er at forme proletariatet til en klasse

su objetivo es derrocar la supremacía burguesa

de sigter mod at vælte borgerskabets overherredømme

la lucha por la conquista del poder político por el proletariado

stræben efter proletariatets erobring af den politiske magt

Las conclusiones teóricas de los comunistas no se basan en modo alguno en ideas o principios de reformadores

Kommunisternes teoretiske konklusioner er på ingen måde baseret på reformatorernes ideer eller principper

no fueron los aspirantes a reformadores universales los que inventaron o descubrieron las conclusiones teóricas de los comunistas

det var ikke potentielle universelle reformatorer, der opfandt eller opdagede kommunisternes teoretiske konklusioner

Se limitan a expresar, en términos generales, las relaciones reales que surgen de una lucha de clases existente

De udtrykker blot i generelle vendinger faktiske forhold, der udspringer af en eksisterende klassekamp

Y describen el movimiento histórico que está ocurriendo ante nuestros propios ojos y que ha creado esta lucha de clases

og de beskriver den historiske bevægelse, der foregår for øjnene af os, og som har skabt denne klassekamp

La abolición de las relaciones de propiedad existentes no es en absoluto un rasgo distintivo del comunismo

Afskaffelsen af de eksisterende ejendomsforhold er slet ikke et karakteristisk træk ved kommunismen

Todas las relaciones de propiedad en el pasado han estado continuamente sujetas a cambios históricos

Alle ejendomsforhold i fortiden har konstant været genstand for historiske ændringer

y estos cambios fueron consecuencia del cambio en las condiciones históricas

og disse ændringer var en konsekvens af ændringen i de historiske forhold

La Revolución Francesa, por ejemplo, abolió la propiedad feudal en favor de la propiedad burguesa

Den franske revolution afskaffede f.eks. feudal ejendom til fordel for borgerskabets ejendom

El rasgo distintivo del comunismo no es la abolición de la propiedad, en general

Kommunismens særlige træk er ikke afskaffelsen af ejendomsretten i almindelighed

pero el rasgo distintivo del comunismo es la abolición de la propiedad burguesa

men kommunismens kendetegn er afskaffelsen af borgerskabets ejendom

Pero la propiedad privada de la burguesía moderna es la expresión última y más completa del sistema de producción y apropiación de productos

Men det moderne bourgeoisis privatejendom er det endelige og mest fuldstændige udtryk for systemet med at producere og tilegne sig produkter

Es el estado final de un sistema que se basa en los antagonismos de clase, donde el antagonismo de clase es la explotación de la mayoría por unos pocos

Det er den endelige tilstand af et system, der er baseret på klassemodsætninger, hvor klassemodsætninger er de fås udbytning af de mange

En este sentido, la teoría de los comunistas puede resumirse en una sola frase; la abolición de la propiedad privada

I denne forstand kan kommunisternes teori opsummeres i en enkelt sætning; afskaffelse af privat ejendomsret

A los comunistas se nos ha reprochado el deseo de abolir el derecho de adquirir personalmente la propiedad

Vi kommunister er blevet bebrejdet ønsket om at afskaffe retten til personligt at erhverve ejendom

Se afirma que esta propiedad es el fruto del propio trabajo de un hombre

Det hævdes, at denne egenskab er frugten af et menneskes eget arbejde

y se alega que esta propiedad es la base de toda libertad, actividad e independencia personal.

og denne ejendom påstås at være grundlaget for al personlig frihed, aktivitet og uafhængighed.

"¡Propiedad ganada con esfuerzo, adquirida por uno mismo, ganada por uno mismo!"

"Hårdt vundet, selverhvervet, selvfortjent ejendom!"

¿Te refieres a la propiedad del pequeño artesano y del pequeño campesino?

Mener du småhåndværkerens og småbondens ejendom?

¿Te refieres a una forma de propiedad que precedió a la forma burguesa?

Mener du en form for ejendom, der gik forud for borgerskabsformen?

No hay necesidad de abolir eso, el desarrollo de la industria ya lo ha destruido en gran medida

Det er der ingen grund til at afskaffe, industriens udvikling har i vid udstrækning allerede ødelagt den

y el desarrollo de la industria sigue destruyéndola diariamente

og udviklingen af industrien ødelægger den stadig dagligt

¿O te refieres a la propiedad privada de la burguesía moderna?

Eller mener du det moderne borgerskab med privat ejendom?

Pero, ¿crea el trabajo asalariado alguna propiedad para el trabajador?

Men skaber lønarbejdet nogen ejendom for arbejderen?

¡No, el trabajo asalariado no crea ni una pizca de este tipo de propiedad!

Nej, lønarbejde skaber ikke en smule af denne slags ejendom!

Lo que sí crea el trabajo asalariado es capital; ese tipo de propiedad que explota el trabajo asalariado

Det, som lønarbejdet skaber, er kapital; den slags ejendom, der udnytter lønarbejde

El capital no puede aumentar sino a condición de engendrar una nueva oferta de trabajo asalariado para una nueva explotación

Kapitalen kan ikke vokse, medmindre den frembringer et nyt udbud af lønarbejde til ny udbytning

La propiedad, en su forma actual, se basa en el antagonismo entre el capital y el trabajo asalariado

Ejendom i sin nuværende form er baseret på modsætningen mellem kapital og lønarbejde

Examinemos los dos lados de este antagonismo

Lad os undersøge begge sider af denne antagonisme

Ser capitalista es tener no sólo un estatus puramente personal

At være kapitalist er ikke kun at have en rent personlig status

En cambio, ser capitalista es también tener un estatus social en la producción

I stedet er det at være kapitalist også at have en social status i produktionen

porque el capital es un producto colectivo; Sólo mediante la acción unida de muchos miembros puede ponerse en marcha

fordi kapital er et kollektivt produkt; Kun ved en fælles indsats fra mange medlemmer kan den sættes i gang

Pero esta acción unida es el último recurso, y en realidad requiere de todos los miembros de la sociedad

men denne forenede aktion er en sidste udvej og kræver faktisk alle medlemmer af samfundet

El capital se convierte en propiedad de todos los miembros de la sociedad

Kapital bliver omdannet til alle samfundsmedlemmers ejendom

pero el Capital no es, por lo tanto, un poder personal; Es un poder social

men Kapitalen er derfor ikke en personlig magt; det er en social magt

Así, cuando el capital se convierte en propiedad social, la propiedad personal no se transforma en propiedad social

Når kapitalen således omdannes til samfundsmæssig ejendom, bliver den personlige ejendom ikke derved forvandlet til samfundsmæssig ejendom

Lo único que cambia es el carácter social de la propiedad y pierde su carácter de clase

Det er kun ejendommens sociale karakter, der forandres og mister sin klassekarakter

Veamos ahora el trabajo asalariado

Lad os nu se på lønarbejdet

El precio medio del trabajo asalariado es el salario mínimo, es decir, la cantidad de medios de subsistencia

Lønarbejdets gennemsnitspris er mindstelønnen, dvs. den mængde af livsfornødenhederne

Este salario es absolutamente necesario en la mera existencia de un obrero

Denne løn er absolut nødvendig i den blotte eksistens som arbejder

Por lo tanto, lo que el asalariado se apropia por medio de su trabajo, sólo basta para prolongar y reproducir una existencia desnuda

Hvad lønarbejderen altså tilegner sig ved hjælp af sit arbejde, er kun tilstrækkeligt til at forlænge og reproducere en nøgtern tilværelse

De ninguna manera pretendemos abolir esta apropiación personal de los productos del trabajo

Vi har på ingen måde til hensigt at afskaffe denne personlige tilegnelse af arbejdsprodukterne

una apropiación que se hace para el mantenimiento y la reproducción de la vida humana

en bevilling, der er afsat til opretholdelse og reproduktion af menneskeliv

Tal apropiación personal de los productos del trabajo no deja ningún excedente con el que ordenar el trabajo de otros

En sådan personlig tilegnelse af arbejdsprodukterne efterlader intet overskud til at beordre andres arbejde

Lo único que queremos eliminar es el carácter miserable de esta apropiación

Alt, hvad vi ønsker at afskaffe, er den elendige karakter af denne tilegnelse

la apropiación bajo la cual vive el obrero sólo para aumentar el capital

den tilegnelse, som arbejderen lever af, blot for at forøge
kapitalen

**Sólo se le permite vivir en la medida en que lo exija el
interés de la clase dominante**

han får kun lov til at leve, for så vidt som den herskende
klasses interesser kræver det

**En la sociedad burguesa, el trabajo vivo no es más que un
medio para aumentar el trabajo acumulado**

I borgerskabets samfund er levende arbejde kun et middel til
at øge det akkumulerede arbejde

**En la sociedad comunista, el trabajo acumulado no es más
que un medio para ampliar, para enriquecer y para promover
la existencia del obrero**

I det kommunistiske samfund er akkumuleret arbejde kun et
middel til at udvide, til at berige og fremme arbejderens
eksistens

**En la sociedad burguesa, por lo tanto, el pasado domina al
presente**

I det borgerlige samfund dominerer fortiden derfor nutiden

en la sociedad comunista el presente domina al pasado

i det kommunistiske samfund dominerer nutiden fortiden

**En la sociedad burguesa el capital es independiente y tiene
individualidad**

I borgerskabets samfund er kapitalen uafhængig og har
individualitet

**En la sociedad burguesa la persona viva es dependiente y no
tiene individualidad**

I borgerskabets samfund er det levende menneske afhængig
og har ingen individualitet

**¡Y la abolición de este estado de cosas es llamada por la
burguesía, abolición de la individualidad y de la libertad!**

Og afskaffelsen af denne tingenes tilstand kaldes af
bourgeoisiet afskaffelse af individualitet og frihed!

**¡Y con razón se llama la abolición de la individualidad y de
la libertad!**

Og det kaldes med rette afskaffelse af individualitet og frihed!

El comunismo aspira a la abolición de la individualidad
burguesa
Kommunismen sigter mod afskaffelsen af borgerskabets
individualitet
El comunismo pretende la abolición de la independencia
burguesa
Kommunismen har til hensigt at afskaffe borgerskabets
uafhængighed
La libertad burguesa es, sin duda, a lo que aspira el
comunismo
Borgerskabets frihed er utvivlsomt, hvad kommunismen
sigter mod
en las actuales condiciones de producción de la burguesía, la
libertad significa libre comercio, libre venta y compra
under de nuværende borgerlige produktionsbetingelser
betyder frihed frihandel, frit salg og køb
Pero si desaparece la venta y la compra, también desaparece
la libre venta y la compra
Men hvis salg og køb forsvinder, forsvinder også frit salg og
køb
Las "palabras valientes" de la burguesía sobre la libre venta
y compra sólo tienen sentido en un sentido limitado
"modige ord" fra borgerskabet om frit salg og køb har kun
betydning i begrænset forstand
Estas palabras tienen significado solo en contraste con la
venta y la compra restringidas
Disse ord har kun betydning i modsætning til begrænset salg
og køb
y estas palabras sólo tienen sentido cuando se aplican a los
comerciantes encadenados de la Edad Media
og disse ord har kun betydning, når de anvendes om
middelalderens lænkede handelsmænd
y eso supone que estas palabras incluso tienen un
significado en un sentido burgués
og det forudsætter, at disse ord endda har betydning i
borgerlig forstand

pero estas palabras no tienen ningún significado cuando se usan para oponerse a la abolición comunista de la compra y venta

men disse ord har ingen betydning, når de bruges til at modsætte sig den kommunistiske afskaffelse af køb og salg

las palabras no tienen sentido cuando se usan para oponerse a la abolición de las condiciones de producción de la burguesía

ordene har ingen betydning, når de bruges til at modsætte sig, at borgerskabets produktionsbetingelser afskaffes

y no tienen ningún sentido cuando se utilizan para oponerse a la abolición de la propia burguesía

og de har ingen mening, når de bruges til at modsætte sig, at borgerskabet selv bliver afskaffet

Ustedes están horrorizados de nuestra intención de acabar con la propiedad privada

Du er forfærdet over, at vi har til hensigt at afskaffe privat ejendom

Pero en la sociedad actual, la propiedad privada ya ha sido eliminada para las nueve décimas partes de la población

Men i jeres nuværende samfund er den private ejendomsret allerede afskaffet for ni tiendedele af befolkningen

La existencia de la propiedad privada para unos pocos se debe únicamente a su inexistencia en manos de las nueve décimas partes de la población

eksistensen af privat ejendom for de få skyldes udelukkende, at den ikke eksisterer i hænderne på ni tiendedele af befolkningen

Por lo tanto, nos reprochas que pretendamos acabar con una forma de propiedad

Du bebrejder os derfor, at vi har til hensigt at afskaffe en form for ejendom

Pero la propiedad privada requiere la inexistencia de propiedad alguna para la inmensa mayoría de la sociedad

men privat ejendom nødvendiggør, at det overvældende flertal af samfundet ikke eksisterer nogen ejendom

En una palabra, nos reprochas que pretendamos acabar con tu propiedad

Med ét ord bebrejder du os, at vi har til hensigt at afskaffe din ejendom

Y es precisamente así; prescindir de su propiedad es justo lo que pretendemos

Og det er netop sådan; at gøre op med din ejendom er lige, hvad vi har til hensigt

Desde el momento en que el trabajo ya no puede convertirse en capital, dinero o renta

Fra det øjeblik, hvor arbejdet ikke længere kan omsættes til kapital, penge eller jordrente

cuando el trabajo ya no puede convertirse en un poder social capaz de ser monopolizado

når arbejdet ikke længere kan omdannes til en social magt, der kan monopoliseres

desde el momento en que la propiedad individual ya no puede transformarse en propiedad burguesa

fra det øjeblik, hvor individuel ejendom ikke længere kan forvandles til borgerskab

desde el momento en que la propiedad individual ya no puede transformarse en capital

fra det øjeblik, hvor den individuelle ejendom ikke længere kan omdannes til kapital

A partir de ese momento, dices que la individualidad se desvanece

fra det øjeblik siger du, at individualiteten forsvinder

Debéis confesar, pues, que por "individuo" no os referimos a otra persona que a la burguesía

De må derfor tilstå, at De med »individ« ikke mener nogen anden person end bourgeoisiet

Debes confesar que se refiere específicamente al propietario de una propiedad de clase media

Du må indrømme, at det specifikt refererer til middelklassens ejer af ejendom

Esta persona debe, en verdad, ser barrida del camino, y hecha imposible
Denne person må virkelig fejes af vejen og gøres umulig
El comunismo no priva a ningún hombre del poder de apropiarse de los productos de la sociedad
Kommunismen berøver intet menneske magten til at tilegne sig samfundets produkter
todo lo que hace el comunismo es privarlo del poder de subyugar el trabajo de otros por medio de tal apropiación
alt, hvad kommunismen gør, er at fratage ham magten til at undertvinge andres arbejde ved hjælp af en sådan tilegnelse
Se ha objetado que, tras la abolición de la propiedad privada, cesará todo trabajo
Det er blevet indvendt, at ved afskaffelsen af den private ejendomsret vil alt arbejde ophøre
y entonces se sugiere que la pereza universal se apoderará de nosotros
og det antydes derefter, at universel dovenskab vil overvælde os
De acuerdo con esto, la sociedad burguesa debería haber ido hace mucho tiempo a los perros por pura ociosidad
Ifølge dette burde det borgerlige samfund for længst være gået til hundene på grund af ren lediggang
porque los de sus miembros que trabajan, no adquieren nada
fordi de af dens medlemmer, der arbejder, ikke erhverver noget
y los de sus miembros que adquieren algo, no trabajan
og de af dens medlemmer, der erhverver noget, ikke arbejder
Toda esta objeción no es más que otra expresión de la tautología
Hele denne indvending er blot endnu et udtryk for tautologien
Ya no puede haber trabajo asalariado cuando ya no hay capital

der kan ikke længere være noget lønarbejde, når der ikke
længere er nogen kapital

**No hay diferencia entre los productos materiales y los
productos mentales**

Der er ingen forskel på materielle produkter og mentale
produkter

**El comunismo propone que ambos se producen de la misma
manera**

Kommunismen foreslår, at begge disse produceres på samme
måde

**pero las objeciones contra los modos comunistas de
producirlos son las mismas**

men indvendingerne mod de kommunistiske måder at
producere disse på er de samme

**para la burguesía, la desaparición de la propiedad de clase es
la desaparición de la producción misma**

For bourgeoisiet er klasseejendommens forsvinden selve
produktionens forsvinden

**De modo que la desaparición de la cultura de clase es para él
idéntica a la desaparición de toda cultura**

Så klassekulturens forsvinden er for ham identisk med al
kulturs forsvinden

**Esa cultura, cuya pérdida lamenta, es para la inmensa
mayoría un mero entrenamiento para actuar como una
máquina**

Denne kultur, hvis tab han beklager, er for det store flertal blot
en opdragelse til at fungere som en maskine

**Los comunistas tienen la firme intención de abolir la cultura
de la propiedad burguesa**

Kommunisterne har i høj grad til hensigt at afskaffe kulturen
med borgerskabets ejendom

**Pero no discutan con nosotros mientras apliquen el estándar
de sus nociones burguesas de libertad, cultura, ley, etc**

Men skændes ikke med os, så længe du anvender standarden
for dit borgerskabs forestillinger om frihed, kultur, lov osv

Vuestras mismas ideas no son más que el resultado de las condiciones de la producción burguesa y de la propiedad burguesa

Selve dine ideer er kun en udløber af betingelserne for din borgerlige produktion og borgerskabets ejendom

del mismo modo que vuestra jurisprudencia no es más que la voluntad de vuestra clase convertida en ley para todos

ligesom din retsvidenskab kun er din klasses vilje gjort til en lov for alle

El carácter esencial y la dirección de esta voluntad están determinados por las condiciones económicas que crea su clase social

Den essentielle karakter og retning af denne vilje bestemmes af de økonomiske forhold, som jeres sociale klasse skaber

El concepto erróneo egoísta que te induce a transformar las formas sociales en leyes eternas de la naturaleza y de la razón

Den egoistiske misforståelse, der får dig til at forvandle sociale former til evige naturlove og fornuftslove

las formas sociales que brotan de vuestro actual modo de producción y de vuestra forma de propiedad

de samfundsmæssige former, der udspringer af din nuværende produktionsmåde og ejendomsform

relaciones históricas que surgen y desaparecen en el progreso de la producción

historiske forhold, der opstår og forsvinder i produktionens forløb

Este concepto erróneo lo compartes con todas las clases dominantes que te han precedido

Denne misforståelse deler du med enhver herskende klasse, der er gået forud for dig

Lo que se ve claramente en el caso de la propiedad antigua, lo que se admite en el caso de la propiedad feudal

Hvad du ser klart i tilfælde af gammel ejendom, hvad du indrømmer i tilfælde af feudal ejendom

estas cosas, por supuesto, le está prohibido admitir en el caso de su propia forma burguesa de propiedad

disse ting er det naturligvis forbudt for Deres egen borgerlige ejendomsform

¡Abolición de la familia! Hasta los más radicales estallan ante esta infame propuesta de los comunistas

Afskaffelse af familien! Selv de mest radikale blusser op over dette berygtede forslag fra kommunisterne

¿Sobre qué base se asienta la familia actual, la familia Bourgeoisie?

På hvilket grundlag er den nuværende familie, borgerskabsfamilien, baseret?

La base de la familia actual se basa en el capital y la ganancia privada

Grundlæggelsen af den nuværende familie er baseret på kapital og privat vinding

En su forma completamente desarrollada, esta familia sólo existe entre la burguesía

I sin fuldt udviklede form eksisterer denne familie kun blandt bourgeoisiet

Este estado de cosas encuentra su complemento en la ausencia práctica de la familia entre los proletarios

Denne tingenes tilstand finder sit supplement i det praktiske fravær af familien blandt proletarerne

Este estado de cosas se puede encontrar en la prostitución pública

Denne tingenes tilstand kan findes i offentlig prostitution

La familia Bourgeoisie se desvanecerá como algo natural cuando su complemento se desvanezca

Borgerskabets familie vil forsvinde som en selvfølge, når dens komplement forsvinder

y ambos se desvanecerán con la desaparición del capital

og begge disse vil forsvinde med kapitalens forsvinden

¿Nos acusan de querer detener la explotación de los niños por parte de sus padres?

Beskylder du os for at ville stoppe deres forældres udnyttelse af børn?

De este crimen nos declaramos culpables
Vi erklærer os skyldige i denne forbrydelse

Pero, dirás, destruimos la más sagrada de las relaciones, cuando reemplazamos la educación en el hogar por la educación social
Men, vil du sige, vi ødelægger de helligste forhold, når vi erstatter hjemmeundervisning med social opdragelse

¿No es también social su educación? ¿Y no está determinado por las condiciones sociales en las que se educa?
Er din uddannelse ikke også social? Og er det ikke bestemt af de sociale forhold, du uddanner dig under?

por la intervención, directa o indirecta, de la sociedad, por medio de las escuelas, etc.
ved indgriben, direkte eller indirekte, af samfundet, ved hjælp af skoler osv.

Los comunistas no han inventado la intervención de la sociedad en la educación
Kommunisterne har ikke opfundet samfundets indgriben i undervisningen

lo único que pretenden es alterar el carácter de esa intervención
De søger blot at ændre karakteren af dette indgreb

y buscan rescatar la educación de la influencia de la clase dominante
og de søger at redde uddannelse fra den herskende klasses indflydelse

La burguesía habla de la sagrada correlación entre padres e hijos
Borgerskabet taler om det hellige forhold mellem forældre og barn

pero esta trampa sobre la familia y la educación se vuelve aún más repugnante cuando miramos a la industria moderna

men denne klapfælde om familien og uddannelsen bliver så
meget desto mere modbydelig, når vi ser på den moderne
industri

**Todos los lazos familiares entre los proletarios son
desgarrados por la industria moderna**

Alle familiebånd mellem proletarerne er revet i stykker af
moderne industri

**Sus hijos se transforman en simples artículos de comercio e
instrumentos de trabajo**

deres børn forvandles til simple handelsvarer og
arbejdsredskaber

**Pero vosotros, los comunistas, creáis una comunidad de
mujeres, grita a coro toda la burguesía**

Men I kommunister ville skabe et fællesskab af kvinder, råber
hele bourgeoisiet i kor

**La burguesía ve en su mujer un mero instrumento de
producción**

Bourgeoisiet ser i sin hustru blot et produktionsredskab

**Oye que los instrumentos de producción deben ser
explotados por todos**

Han hører, at produktionsinstrumenterne skal udnyttes af alle

**Y, naturalmente, no puede llegar a otra conclusión que la de
que la suerte de ser común a todos recaerá igualmente en las
mujeres**

og naturligvis kan han ikke komme til anden konklusion, end
at det at være fælles for alle også vil tilfalde kvinderne

**Ni siquiera sospecha que el verdadero objetivo es acabar con
la condición de la mujer como meros instrumentos de
producción**

Han har ikke engang en mistanke om, at den egentlige pointe
er at afskaffe kvinders status som rene
produktionsinstrumenter

**Por lo demás, nada es más ridículo que la virtuosa
indignación de nuestra burguesía contra la comunidad de
mujeres**

I øvrigt er intet mere latterligt end vort borgerskabs dydige
indignation over kvindefællesskabet
**pretenden que sea abierta y oficialmente establecida por los
comunistas**
de foregiver, at det skal være åbent og officielt etableret af
kommunisterne
**Los comunistas no tienen necesidad de introducir la
comunidad de mujeres, ha existido casi desde tiempos
inmemoriales**
Kommunisterne har ikke behov for at indføre et
kvindefællesskab, det har eksisteret næsten i umindelige tider
**Nuestra burguesía no se contenta con tener a su disposición
a las mujeres e hijas de sus proletarios**
Bourgeoisiet er ikke tilfreds med at have deres proletarers
hustruer og døtre til deres rådighed
Tienen el mayor placer en seducir a las esposas de los demás
de finder den største fornøjelse i at forføre hinandens koner
Y eso sin hablar de las prostitutas comunes
og det er ikke engang at tale om almindelige prostituerede
**El matrimonio burgués es en realidad un sistema de esposas
en común**
Borgerskabets ægteskab er i virkeligheden et system af
hustruer i fællesskab
**entonces hay una cosa que se podría reprochar a los
comunistas**
så er der én ting, som kommunisterne muligvis kan bebrejdes
**Desean introducir una comunidad de mujeres abiertamente
legalizada**
de ønsker at indføre et åbent legaliseret fællesskab af kvinder
**en lugar de una comunidad de mujeres hipócritamente
oculta**
snarere end et hyklerisk skjult fællesskab af kvinder
**la comunidad de mujeres que surgen del sistema de
producción**
Kvindefællesskabet, der udspringer af produktionssystemet

abolid el sistema de producción y abolid la comunidad de mujeres
Afskaf produktionssystemet, og du afskaffer kvindefællesskabet
Se suprime la prostitución pública y la prostitución privada
både offentlig prostitution afskaffes, og privat prostitution afskaffes
A los comunistas se les reprocha, además, que desean abolir los países y las nacionalidades
Kommunisterne bebrejdes desuden mere, at de ønsker at afskaffe lande og nationalitet
Los trabajadores no tienen patria, así que no podemos quitarles lo que no tienen
Arbejderne har intet land, så vi kan ikke tage fra dem, hvad de ikke har fået
El proletariado debe, ante todo, adquirir la supremacía política
proletariatet må først og fremmest opnå politisk overherredømme
El proletariado debe elevarse para ser la clase dirigente de la nación
proletariatet må rejse sig til at blive nationens ledende klasse
El proletariado debe constituirse en la nación
proletariatet må konstituere sig selv som nationen
es, hasta ahora, nacional, aunque no en el sentido burgués de la palabra
den er indtil videre selv national, skønt ikke i ordets borgerlige betydning
Las diferencias nacionales y los antagonismos entre los pueblos desaparecen cada día más
Nationale forskelle og modsætninger mellem folkeslag forsvinder for hver dag mere og mere
debido al desarrollo de la burguesía, a la libertad de comercio, al mercado mundial
på grund af bourgeoisiets udvikling, på grund af den frie handel, på verdensmarkedet

a la uniformidad en el modo de producción y en las condiciones de vida correspondientes

ensartethed i produktionsmåden og i de dertil knyttede levevilkår

La supremacía del proletariado hará que desaparezcan aún más rápidamente

Proletariatets overherredømme vil få dem til at forsvinde endnu hurtigere

La acción unida, al menos de los principales países civilizados, es una de las primeras condiciones para la emancipación del proletariado

Enhedsaktion, i det mindste fra de førende civiliserede lande, er en af de første betingelser for proletariatets befrielse

En la medida en que se ponga fin a la explotación de un individuo por otro, también se pondrá fin a la explotación de una nación por otra.

I samme grad som der sættes en stopper for et andet individs udbytning, vil der også blive sat en stopper for en nations udbytning af et andet

A medida que desaparezca el antagonismo entre las clases dentro de la nación, la hostilidad de una nación hacia otra llegará a su fin

I samme grad som modsætningen mellem klasserne inden for nationen forsvinder, vil den ene nations fjendtlighed over for den anden ophøre

Las acusaciones contra el comunismo hechas desde un punto de vista religioso, filosófico y, en general, ideológico, no merecen un examen serio

Anklagerne mod kommunismen fra et religiøst, et filosofisk og generelt fra et ideologisk synspunkt fortjener ikke en seriøs undersøgelse

¿Se requiere una intuición profunda para comprender que las ideas, puntos de vista y concepciones del hombre cambian con cada cambio en las condiciones de su existencia material?

Kræver det dyb intuition at forstå, at menneskets ideer,
anskuelser og forestillinger ændrer sig med enhver forandring
i betingelserne for dets materielle tilværelse?
**¿No es obvio que la conciencia del hombre cambia cuando
cambian sus relaciones sociales y su vida social?**
Er det ikke indlysende, at menneskets bevidsthed forandrer
sig, når dets sociale relationer og dets sociale liv forandrer sig?
**¿Qué otra cosa prueba la historia de las ideas sino que la
producción intelectual cambia de carácter a medida que
cambia la producción material?**
Hvad beviser idéhistorien andet, end at den intellektuelle
produktion ændrer karakter i takt med, at den materielle
produktion forandres?
**Las ideas dominantes de cada época han sido siempre las
ideas de su clase dominante**
De herskende ideer i hver tidsalder har altid været den
herskende klasses ideer
**Cuando se habla de ideas que revolucionan la sociedad, no
hace más que expresar un hecho**
Når folk taler om ideer, der revolutionerer samfundet,
udtrykker de kun én kendsgerning
**Dentro de la vieja sociedad, se han creado los elementos de
una nueva**
I det gamle samfund er elementerne til et nyt blevet skabt
**y que la disolución de las viejas ideas sigue el mismo ritmo
que la disolución de las viejas condiciones de existencia**
og at opløsningen af de gamle ideer holder trit med
opløsningen af de gamle tilværelsesbetingelser
**Cuando el mundo antiguo estaba en sus últimos estertores,
las religiones antiguas fueron vencidas por el cristianismo**
Da den antikke verden var i sine sidste krampetrækninger,
blev de gamle religioner overvundet af kristendommen
**Cuando las ideas cristianas sucumbieron en el siglo XVIII a
las ideas racionalistas, la sociedad feudal libró su batalla a
muerte contra la burguesía revolucionaria de entonces**

Da kristne ideer i det 18. århundrede bukkede under for rationalistiske ideer, udkæmpede det feudale samfund sin dødskamp mod det dengang revolutionære borgerskab

Las ideas de la libertad religiosa y de la libertad de conciencia no hacían más que expresar el dominio de la libre competencia en el dominio del conocimiento

Ideerne om religionsfrihed og samvittighedsfrihed gav blot udtryk for den frie konkurrences herredømme på kundskabens område

"Indudablemente", se dirá, "las ideas religiosas, morales, filosóficas y jurídicas se han modificado en el curso del desarrollo histórico"

"Utvivlsomt," vil det blive sagt, "er religiøse, moralske, filosofiske og juridiske ideer blevet modificeret i løbet af den historiske udvikling"

"Pero la religión, la filosofía de la moral, la ciencia política y el derecho, sobrevivieron constantemente a este cambio"

"Men religion, moral, filosofi, statskundskab og jura overlevede konstant denne forandring"

"También hay verdades eternas, como la Libertad, la Justicia, etc."

"Der er også evige sandheder, såsom frihed, retfærdighed osv."

"Estas verdades eternas son comunes a todos los estados de la sociedad"

"Disse evige sandheder er fælles for alle samfundstilstande"

"Pero el comunismo suprime las verdades eternas, suprime toda religión y toda moral"

"Men kommunismen afskaffer evige sandheder, den afskaffer al religion og al moral"

"Lo hace en lugar de constituirlos sobre una nueva base"

"Det gør det i stedet for at konstituere dem på et nyt grundlag"

"Por lo tanto, actúa en contradicción con toda la experiencia histórica pasada"

"den handler derfor i modstrid med alle tidligere historiske erfaringer"

¿A qué se reduce esta acusación?

Hvad reducerer denne anklage sig selv til?

La historia de toda la sociedad pasada ha consistido en el desarrollo de antagonismos de clase

Hele fortidens samfunds historie har bestået i udviklingen af klassemodsætninger

antagonismos que asumieron diferentes formas en diferentes épocas

antagonismer, der antog forskellige former i forskellige epoker

Pero cualquiera que sea la forma que hayan tomado, un hecho es común a todas las épocas pasadas

Men uanset hvilken form de måtte have antaget, er der én kendsgerning, der er fælles for alle tidligere tidsaldre

la explotación de una parte de la sociedad por la otra

den anden del af samfundets udnyttelse af den ene del af samfundet

No es de extrañar, pues, que la conciencia social de épocas pasadas se mueva dentro de ciertas formas comunes o ideas generales

Det er derfor ikke så mærkeligt, at tidligere tiders sociale bevidsthed bevæger sig inden for visse fælles former eller almene ideer

(y eso a pesar de toda la multiplicidad y variedad que muestra)

(og det er på trods af al den mangfoldighed og variation, den viser)

y éstos no pueden desaparecer por completo sino con la desaparición total de los antagonismos de clase

og disse kan ikke forsvinde fuldstændigt, medmindre klassemodsætningerne helt forsvinder

La revolución comunista es la ruptura más radical con las relaciones tradicionales de propiedad

Den kommunistiske revolution er det mest radikale brud med de traditionelle ejendomsforhold

No es de extrañar que su desarrollo implique la ruptura más radical con las ideas tradicionales

Ikke underligt, at dens udvikling indebærer det mest radikale
brud med traditionelle ideer

**Pero dejemos de lado las objeciones de la burguesía al
comunismo**

Men lad os være færdige med bourgeoisiets indvendinger
mod kommunismen

**Hemos visto más arriba el primer paso de la revolución de la
clase obrera**

Vi har ovenfor set arbejderklassens første skridt i revolutionen

**Hay que elevar al proletariado a la posición de gobernante,
para ganar la batalla de la democracia**

proletariatet må hæves til den herskende position, for at vinde
kampen om demokratiet

**El proletariado utilizará su supremacía política para
arrebatar, poco a poco, todo el capital a la burguesía**

Proletariatet vil bruge sit politiske overherredømme til lidt
efter lidt at vriste al kapital ud af bourgeoisiet

**centralizará todos los instrumentos de producción en manos
del Estado**

den vil centralisere alle produktionsinstrumenter i hænderne
på staten

**En otras palabras, el proletariado organizado como clase
dominante**

med andre ord, proletariatet organiseret som den herskende
klasse

**y aumentará el total de las fuerzas productivas lo más
rápidamente posible**

og det vil øge de samlede produktivkræfter så hurtigt som
muligt

**Por supuesto, al principio, esto no puede llevarse a cabo sino
por medio de incursiones despóticas en los derechos de
propiedad**

Naturligvis kan dette i begyndelsen kun ske ved hjælp af
despotiske indgreb i ejendomsretten

**y tiene que lograrse en las condiciones de la producción
burguesa**

og det skal opnås på borgerskabets produktionsbetingelser

Por lo tanto, se logra mediante medidas que parecen económicamente insuficientes e insostenibles

Den opnås derfor ved hjælp af foranstaltninger, der forekommer økonomisk utilstrækkelige og uholdbare

pero estos medios, en el curso del movimiento, se superan a sí mismos

men disse midler overgår i løbet af bevægelsen sig selv

Requieren nuevas incursiones en el viejo orden social

de nødvendiggør yderligere indgreb i den gamle samfundsorden

y son ineludibles como medio de revolucionar por completo el modo de producción

og de er uundgåelige som et middel til fuldstændig at revolutionere produktionsmåden

Por supuesto, estas medidas serán diferentes en los distintos países

Disse foranstaltninger vil naturligvis være forskellige i de forskellige lande

Sin embargo, en los países más avanzados, lo siguiente será de aplicación bastante general

Ikke desto mindre vil følgende i de mest avancerede lande være temmelig generelt anvendelige

1. Abolición de la propiedad de la tierra y aplicación de todas las rentas de la tierra a fines públicos.

1. Afskaffelse af ejendomsret til jord og anvendelse af al jordrente til offentlige formål.

2. Un fuerte impuesto progresivo o gradual sobre la renta.

2. En tung progressiv eller gradueret indkomstskat.

3. Abolición de todo derecho de herencia.

3. Afskaffelse af al arveret.

4. Confiscación de los bienes de todos los emigrantes y rebeldes.

4. Konfiskation af alle emigranters og oprøreres ejendom.

5. Centralización del crédito en manos del Estado, por medio de un banco nacional de capital estatal y monopolio exclusivo.

5. Centralisering af kreditten til staten ved hjælp af en nationalbank med statskapital og et eksklusivt monopol.

6. Centralización de los medios de comunicación y transporte en manos del Estado.

6. Centralisering af kommunikations- og transportmidlerne i statens hænder.

7. Ampliación de fábricas e instrumentos de producción propiedad del Estado

7. Udvidelse af fabrikker og produktionsinstrumenter ejet af staten

la puesta en cultivo de tierras baldías y el mejoramiento del suelo en general de acuerdo con un plan común.

Dyrkning af øde arealer og forbedring af jorden i almindelighed i overensstemmelse med en fælles plan.

8. Igual responsabilidad de todos hacia el trabajo

8. Lige ansvar for alle over for arbejdet

Establecimiento de ejércitos industriales, especialmente para la agricultura.

Oprettelse af industrielle hære, især til landbrug.

9. Combinación de la agricultura con las industrias manufactureras

9. Kombination af landbrug og fremstillingsindustri

Abolición gradual de la distinción entre la ciudad y el campo, por una distribución más equitativa de la población en todo el país.

gradvis afskaffelse af forskellen mellem by og land ved en mere jævn fordeling af befolkningen over landet.

10. Educación gratuita para todos los niños en las escuelas públicas.

10. Gratis uddannelse for alle børn i offentlige skoler.

Abolición del trabajo infantil en las fábricas en su forma actual

Afskaffelse af børnearbejde i fabriksarbejde i sin nuværende form

Combinación de la educación con la producción industrial
Kombination af uddannelse og industriel produktion

Cuando, en el curso del desarrollo, las distinciones de clase han desaparecido
Når klasseforskellene i løbet af udviklingen er forsvundet

y cuando toda la producción se ha concentrado en manos de una vasta asociación de toda la nación
og når al produktion er blevet koncentreret i hænderne på en stor sammenslutning af hele nationen

entonces el poder público perderá su carácter político
så vil den offentlige magt miste sin politiske karakter

El poder político, propiamente dicho, no es más que el poder organizado de una clase para oprimir a otra
Den egentlige politiske magt er blot en klasses organiserede magt til at undertrykke en anden

Si el proletariado, en su lucha contra la burguesía, se ve obligado, por la fuerza de las circunstancias, a organizarse como clase
Hvis proletariatet under sin kamp med bourgeoisiet på grund af omstændighederne er tvunget til at organisere sig som klasse

si, por medio de una revolución, se convierte en la clase dominante
hvis den ved hjælp af en revolution gør sig selv til den herskende klasse

y, como tal, barre por la fuerza las viejas condiciones de producción
og som sådan fejer den med magt de gamle produktionsbetingelser væk

entonces, junto con estas condiciones, habrá barrido las condiciones para la existencia de los antagonismos de clase y de las clases en general

så vil den sammen med disse betingelser have fejet betingelserne for eksistensen af klassemodsætninger og klasser i almindelighed væk

y con ello habrá abolido su propia supremacía como clase.

og vil derved have afskaffet sit eget overherredømme som klasse.

En lugar de la vieja sociedad burguesa, con sus clases y sus antagonismos de clase, tendremos una asociación

I stedet for det gamle borgerlige samfund med dets klasser og klassemodsætninger vil vi have en forening

una asociación en la que el libre desarrollo de cada uno sea la condición para el libre desarrollo de todos

en forening, hvor den enkeltes frie udvikling er betingelsen for den frie udvikling af alle

1) Socialismo reaccionario
1) Reaktionær socialisme

a) Socialismo feudal
a) Feudal socialisme

las aristocracias de Francia e Inglaterra tenían una posición histórica única
aristokratierne i Frankrig og England havde en unik historisk position
se convirtió en su vocación escribir panfletos contra la sociedad burguesa moderna
det blev deres kald at skrive pamfletter mod det moderne borgerskab
En la Revolución Francesa de julio de 1830 y en la agitación reformista inglesa
I den franske revolution i juli 1830 og i den engelske reformagitation
Estas aristocracias sucumbieron de nuevo ante el odioso advenedizo
Disse aristokratier bukkede igen under for den hadefulde opkomling
A partir de entonces, una contienda política seria quedó totalmente fuera de discusión
Fra da af var en seriøs politisk kamp helt udelukket
Todo lo que quedaba posible era una batalla literaria, no una batalla real
Det eneste, der var muligt, var litterær kamp, ikke en egentlig kamp
Pero incluso en el dominio de la literatura, los viejos gritos del período de la restauración se habían vuelto imposibles
Men selv på litteraturens område var de gamle råb fra restaurationsperioden blevet umulige
Para despertar simpatías, la aristocracia se vio obligada a perder de vista, aparentemente, sus propios intereses

For at vække sympati var aristokratiet tilsyneladende nødt til
at tabe deres egne interesser af syne

**y se vieron obligados a formular su acusación contra la
burguesía en interés de la clase obrera explotada**

og de var nødt til at formulere deres anklage mod bourgeoisiet
i den udbyttede arbejderklasses interesse

Así, la aristocracia se vengó cantando sátiras a su nuevo amo

Således tog aristokratiet deres hævn ved at synge spottende
over deres nye herre

**y se vengaron susurrándole al oído siniestras profecías de
catástrofe venidera**

og de tog deres hævn ved at hviske i hans ører uhyggelige
profetier om kommende katastrofe

**De esta manera surgió el socialismo feudal: mitad
lamentación, mitad sátira**

På denne måde opstod den feudale socialisme: halvt
klagesang, halvt spottende

**Sonaba como medio eco del pasado y proyectaba mitad
amenaza del futuro**

den lød som et halvt ekko af fortiden og projicerede halvt en
trussel om fremtiden

**a veces, con su crítica amarga, ingeniosa e incisiva, golpeó a
la burguesía hasta la médula**

til tider ramte den med sin bitre, vittige og skarpe kritik
borgerskabet helt ind i hjertet

**pero siempre fue ridículo en su efecto, por su total
incapacidad para comprender la marcha de la historia
moderna**

men den var altid latterlig i sin virkning, fordi den var
fuldstændig ude af stand til at forstå den moderne histories
gang

**La aristocracia, con el fin de atraer al pueblo hacia ellos,
agitaba la bolsa de limosnas proletaria delante como una
bandera**

For at samle folket viftede aristokratiet med den proletariske
almissepose foran et banner

Pero el pueblo, tan a menudo como se unía a ellos, veía en sus cuartos traseros los antiguos escudos de armas feudales
Men så ofte folket sluttede sig til dem, så de gamle feudale våbenskjolde på deres bagdel

y desertaron con carcajadas ruidosas e irreverentes
og de deserterede med høj og uærbødig latter

Un sector de los legitimistas franceses y de la "Joven Inglaterra" exhibió este espectáculo
En sektion af de franske legitimister og "Young England" udstillede dette skuespil

los feudales señalaban que su modo de explotación era diferente al de la burguesía
feudalisterne påpegede, at deres udbytningsmåde var anderledes end bourgeoisiets

Los feudales olvidan que explotaron en circunstancias y condiciones muy diferentes
Feudalisterne glemmer, at de udnyttede under helt andre omstændigheder og betingelser

Y no se dieron cuenta de que tales métodos de explotación ahora son anticuados
og de bemærkede ikke, at sådanne udnyttelsesmetoder nu er forældede

demostraron que, bajo su gobierno, el proletariado moderno nunca existió
De viste, at det moderne proletariat aldrig har eksisteret under deres herredømme

pero olvidan que la burguesía moderna es el vástago necesario de su propia forma de sociedad
men de glemmer, at det moderne bourgeoisi er det nødvendige afkom af deres egen samfundsform

Por lo demás, apenas ocultan el carácter reaccionario de su crítica
I øvrigt lægger de næppe skjul på den reaktionære karakter af deres kritik

su principal acusación contra la burguesía es la siguiente
deres hovedanklage mod bourgeoisiet går ud på følgende

bajo el régimen de la burguesía se está desarrollando una clase social

under borgerskabets regime udvikles en social klasse

Esta clase social está destinada a cortar de raíz el viejo orden de la sociedad

Denne sociale klasse er bestemt til at skære den gamle samfundsorden op med rod og forgrene

Lo que reprochan a la burguesía no es tanto que cree un proletariado

Det, de bebrejder bourgeoisiet for, er ikke så meget, at det skaber et proletariat

lo que reprochan a la burguesía es más bien que crea un proletariado revolucionario

det, de bebrejder bourgeoisiet for, er mere, at det skaber et revolutionært proletariat

En la práctica política, por lo tanto, se unen a todas las medidas coercitivas contra la clase obrera

I den politiske praksis deltager de derfor i alle tvangsforanstaltninger mod arbejderklassen

Y en la vida ordinaria, a pesar de sus frases altisonantes, se inclinan a recoger las manzanas de oro que caen del árbol de la industria

og i det almindelige liv, på trods af deres højtravende sætninger, bøjer de sig ned for at samle de gyldne æbler, der er faldet ned fra industriens træ

y trocan la verdad, el amor y el honor por el comercio de lana, azúcar de remolacha y aguardiente de patata

og de bytter sandhed, kærlighed og ære for handel med uld, rødbedesukker og kartoffelbrændevin

Así como el párroco ha ido siempre de la mano con el terrateniente, así también lo ha hecho el socialismo clerical con el socialismo feudal

Ligesom præsten altid er gået hånd i hånd med godsejeren, således er gejstlig socialisme med feudal socialisme

Nada es más fácil que dar al ascetismo cristiano un tinte socialista

Intet er lettere end at give kristen askese et socialistisk skær

¿No ha declamado el cristianismo contra la propiedad privàda, contra el matrimonio, contra el Estado?

Har kristendommen ikke forkyndt mod privatejendommen, mod ægteskabet, mod staten?

¿No ha predicado el cristianismo en lugar de estos, la caridad y la pobreza?

Har kristendommen ikke prædiket i stedet for disse, næstekærlighed og fattigdom?

¿Acaso el cristianismo no predica el celibato y la mortificación de la carne, la vida monástica y la Madre Iglesia?

Prædiker kristendommen ikke cølibatet og kødets dødgørelse, klosterlivet og moderkirken?

El socialismo cristiano no es más que el agua bendita con la que el sacerdote consagra los ardores del corazón del aristócrata

Kristen socialisme er kun det hellige vand, hvormed præsten indvier aristokratens hjertebrændende

b) Socialismo pequeñoburgués
b) Småborgerlig socialisme

La aristocracia feudal no fue la única clase arruinada por la burguesía
Det feudale aristokrati var ikke den eneste klasse, der blev ruineret af bourgeoisiet
no fue la única clase cuyas condiciones de existencia languidecieron y perecieron en la atmósfera de la sociedad burguesa moderna
det var ikke den eneste klasse, hvis eksistensbetingelser forsvandt og gik til grunde i atmosfæren i det moderne borgerskab
Los burgueses medievales y los pequeños propietarios campesinos fueron los precursores de la burguesía moderna
Middelalderens borgerskaber og småbønderne var forløbere for det moderne bourgeoisi
En los países poco desarrollados, industrial y comercialmente, estas dos clases siguen vegetando una al lado de la otra
I de lande, der kun er lidet udviklede, industrielt og kommercielt, beveges disse to klasser stadig side om side
y mientras tanto la burguesía se levanta junto a ellos: industrial, comercial y políticamente
og i mellemtiden rejser bourgeoisiet sig ved siden af dem: industrielt, kommercielt og politisk
En los países donde la civilización moderna se ha desarrollado plenamente, se ha formado una nueva clase de pequeña burguesía
I lande, hvor den moderne civilisation er blevet fuldt udviklet, er der dannet en ny klasse af småborgerskab
esta nueva clase social fluctúa entre el proletariado y la burguesía
denne nye sociale klasse svinger mellem proletariat og bourgeoisi

y siempre se renueva como parte complementaria de la sociedad burguesa

og den fornyer sig hele tiden som en supplerende del af det borgerlige samfund

Sin embargo, los miembros individuales de esta clase son constantemente arrojados al proletariado

Men de enkelte medlemmer af denne klasse bliver bestandig kastet ned i proletariatet

son absorbidos por el proletariado a través de la acción de la competencia

de suges op af proletariatet gennem konkurrencens handling

A medida que la industria moderna se desarrolla, incluso ven acercarse el momento en que desaparecerán por completo como sección independiente de la sociedad moderna

Efterhånden som den moderne industri udvikler sig, ser de endda det øjeblik nærme sig, hvor de helt vil forsvinde som en uafhængig del af det moderne samfund

Serán reemplazados, en las manufacturas, la agricultura y el comercio, por vigilantes, alguaciles y tenderos

De vil blive erstattet af opsynsmænd, fogeder og købmænd inden for manufaktur, landbrug og handel

En países como Francia, donde los campesinos constituyen mucho más de la mitad de la población

I lande som Frankrig, hvor bønderne udgør langt mere end halvdelen af befolkningen

era natural que hubiera escritores que se pusieran del lado del proletariado contra la burguesía

det var naturligt, at der var forfattere, der stillede sig på proletariatets side mod bourgeoisiet

en su crítica al régimen burgués utilizaron el estandarte de la pequeña burguesía campesina

i deres kritik af borgerskabets regime brugte de bonde- og småborgerskabets fane

Y desde el punto de vista de estas clases intermedias, toman el garrote de la clase obrera

og fra disse mellemklassers synspunkt tager de kampen op for
arbejderklassen

**Así surgió el socialismo pequeñoburgués, del que Sismondi
era el jefe de esta escuela, no sólo en Francia, sino también
en Inglaterra**

Således opstod småborgerlig socialisme, som Sismondi var
leder af denne skole, ikke blot i Frankrig, men også i England

**Esta escuela del socialismo diseccionó con gran agudeza las
contradicciones de las condiciones de producción moderna**

Denne socialisme dissekerede med stor skarphed
modsigelserne i den moderne produktions betingelser

**Esta escuela puso al descubierto las apologías hipócritas de
los economistas**

Denne skole afslørede økonomernes hykleriske
undskyldninger

**Esta escuela demostró, incontrovertiblemente, los efectos
desastrosos de la maquinaria y de la división del trabajo**

Denne skole beviste uomtvisteligt de katastrofale virkninger af
maskiner og arbejdsdeling

**Probó la concentración del capital y de la tierra en pocas
manos**

det beviste, at kapital og jord var koncentreret på få hænder

**demostró cómo la sobreproducción conduce a las crisis de la
burguesía**

den beviste, hvordan overproduktion fører til borgerskabets
kriser

**señalaba la ruina inevitable de la pequeña burguesía y del
campesino**

den påpegede småborgerskabets og bondens uundgåelige
undergang

**la miseria del proletariado, la anarquía en la producción, las
desigualdades flagrantes en la distribución de la riqueza**

proletariatets elendighed, anarkiet i produktionen, de
skrigende uligheder i fordelingen af rigdom

**Mostró cómo el sistema de producción lidera la guerra
industrial de exterminio entre naciones**

den viste, hvordan produktionssystemet fører den industrielle udryddelseskrig mellem nationer

la disolución de los viejos lazos morales, de las viejas relaciones familiares, de las viejas nacionalidades

opløsningen af gamle moralske bånd, af de gamle familieforhold, af de gamle nationaliteter

Sin embargo, en sus objetivos positivos, esta forma de socialismo aspira a lograr una de dos cosas

I sine positive mål stræber denne form for socialisme imidlertid efter at opnå en af to ting

o bien pretende restaurar los antiguos medios de producción y de intercambio

enten sigter den mod at genoprette de gamle produktions- og udvekslingsmidler

y con los viejos medios de producción restauraría las viejas relaciones de propiedad y la vieja sociedad

og med de gamle produktionsmidler ville det genoprette de gamle ejendomsforhold og det gamle samfund

o pretende apretar los medios modernos de producción e intercambio en el viejo marco de las relaciones de propiedad

eller den sigter mod at indsnævre de moderne produktions- og udvekslingsmidler i de gamle rammer for ejendomsforholdene

En cualquier caso, es a la vez reaccionario y utópico

I begge tilfælde er det både reaktionært og utopisk

Sus últimas palabras son: gremios corporativos para la manufactura, relaciones patriarcales en la agricultura

Dens sidste ord er: korporative laug for fremstilling, patriarkalske relationer i landbruget

En última instancia, cuando los obstinados hechos históricos habían dispersado todos los efectos embriagadores del autoengaño

I sidste ende, da stædige historiske kendsgerninger havde spredt alle berusende virkninger af selvbedrag

esta forma de socialismo terminó en un miserable ataque de lástima

denne form for socialisme endte i et ynkeligt anfald af
medlidenhed

c) Socialismo alemán o "verdadero"
c) Tysk eller "sand" socialisme

**La literatura socialista y comunista de Francia se originó
bajo la presión de una burguesía en el poder**
Den socialistiske og kommunistiske litteratur i Frankrig
opstod under pres fra et borgerskab ved magten
**Y esta literatura era la expresión de la lucha contra este
poder**
og denne litteratur var udtryk for kampen mod denne magt
**se introdujo en Alemania en un momento en que la
burguesía acababa de comenzar su lucha contra el
absolutismo feudal**
den blev indført i Tyskland på et tidspunkt, hvor bourgeoisiet
netop havde indledt sin kamp mod feudal enevælde
**Los filósofos alemanes, los aspirantes a filósofos y los beaux
esprits, se apoderaron con avidez de esta literatura**
Tyske filosoffer, vordende filosoffer og beaux esprits greb
ivrigt fat i denne litteratur
**pero olvidaron que los escritos emigraron de Francia a
Alemania sin traer consigo las condiciones sociales francesas**
men de glemte, at skrifterne indvandrede fra Frankrig til
Tyskland uden at bringe de franske sociale forhold med sig
**En contacto con las condiciones sociales alemanas, esta
literatura francesa perdió toda su significación práctica
inmediata**
I kontakt med tyske samfundsforhold mistede denne franske
litteratur al sin umiddelbare praktiske betydning
**y la literatura comunista de Francia asumió un aspecto
puramente literario en los círculos académicos alemanes**

og den kommunistiske litteratur i Frankrig antog et rent
litterært aspekt i tyske akademiske kredse

**Así, las exigencias de la primera Revolución Francesa no
eran más que las exigencias de la "Razón Práctica"**

Således var den første franske revolutions krav ikke andet end
kravene fra "praktisk fornuft"

**y la expresión de la voluntad de la burguesía revolucionaria
francesa significaba a sus ojos la ley de la voluntad pura**

og det revolutionære franske bourgeoisis viljeudtale betød i
deres øjne den rene viljes lov

**significaba la Voluntad tal como estaba destinada a ser; de la
verdadera Voluntad humana en general**

det betød vilje, som det var nødt til at være; af sand
menneskelig vilje generelt

**El mundo de los literatos alemanes consistía únicamente en
armonizar las nuevas ideas francesas con su antigua
conciencia filosófica**

De tyske litteraters verden bestod udelukkende i at bringe de
nye franske ideer i harmoni med deres gamle filosofiske
samvittighed

**o mejor dicho, se anexionaron las ideas francesas sin
abandonar su propio punto de vista filosófico**

eller rettere, de annekterede de franske ideer uden at svigte
deres eget filosofiske synspunkt

**Esta anexión se llevó a cabo de la misma manera en que se
apropia una lengua extranjera, es decir, por traducción**

Denne annektering fandt sted på samme måde, som et
fremmedsprog tilegnes, nemlig ved oversættelse

**Es bien sabido cómo los monjes escribieron vidas tontas de
santos católicos sobre manuscritos**

Det er velkendt, hvordan munkene skrev fjollede liv om
katolske helgener over manuskripter

**los manuscritos sobre los que se habían escrito las obras
clásicas del antiguo paganismo**

de manuskripter, hvorpå de klassiske værker fra den gamle
hedenskab var blevet skrevet

Los literatos alemanes invirtieron este proceso con la literatura profana francesa

De tyske litterater vendte denne proces med den profane franske litteratur

Escribieron sus tonterías filosóficas bajo el original francés

De skrev deres filosofiske nonsens under den franske original

Por ejemplo, debajo de la crítica francesa a las funciones económicas del dinero, escribieron "Alienación de la humanidad"

For eksempel skrev de under den franske kritik af pengenes økonomiske funktioner "Fremmedgørelse af menneskeheden"

debajo de la crítica francesa al Estado burgués escribieron "destronamiento de la categoría de general"

under den franske kritik af borgerstaten skrev de "detronisering af generalens kategori"

La introducción de estas frases filosóficas en el reverso de las críticas históricas francesas las denominó:

Introduktionen af disse filosofiske sætninger bagerst i den franske historiekritik, de kaldte:

"Filosofía de la acción", "Socialismo verdadero", "Ciencia alemana del socialismo", "Fundamentos filosóficos del socialismo", etc

"Handlingsfilosofi", "Sand socialisme", "Tysk videnskab om socialisme", "Socialismens filosofiske grundlag" og så videre

De este modo, la literatura socialista y comunista francesa quedó completamente castrada

Den franske socialistiske og kommunistiske litteratur blev således fuldstændig kastreret

en manos de los filósofos alemanes dejó de expresar la lucha de una clase con la otra

i hænderne på de tyske filosoffer ophørte den med at udtrykke den ene klasses kamp mod den anden

y así los filósofos alemanes se sintieron conscientes de haber superado la "unilateralidad francesa"

og derfor følte de tyske filosoffer sig bevidste om at have overvundet "fransk ensidighed"

no tenía que representar requisitos verdaderos, sino que representaba requisitos de verdad
den behøvede ikke at repræsentere sande krav, snarere repræsenterede den krav om sandhed
no había interés en el proletariado, más bien, había interés en la Naturaleza Humana
der var ingen interesse for proletariatet, snarere var der interesse for den menneskelige natur
el interés estaba en el Hombre en general, que no pertenece a ninguna clase y no tiene realidad
interessen var for mennesket i almindelighed, som ikke tilhører nogen klasse og ikke har nogen virkelighed
Un hombre que sólo existe en el brumoso reino de la fantasía filosófica
en mand, der kun eksisterer i den filosofiske fantasis tågede rige
pero con el tiempo este colegial socialismo alemán también perdió su inocencia pedante
men til sidst mistede også denne skoledreng tyske socialisme sin pedantiske uskyld
la burguesía alemana, y especialmente la burguesía prusiana, lucharon contra la aristocracia feudal
det tyske bourgeoisi og især det preussiske bourgeoisi kæmpede mod det feudale aristokrati
la monarquía absoluta de Alemania y Prusia también estaba siendo combatida
det absolutte monarki Tyskland og Preussen blev også bekæmpet
Y a su vez, la literatura del movimiento liberal también se hizo más seria
og til gengæld blev den liberale bevægelses litteratur også mere alvorlig
Se le ofreció a Alemania la tan deseada oportunidad del "verdadero" socialismo
Tysklands længe ønskede mulighed for "ægte" socialisme blev tilbudt

la oportunidad de confrontar al movimiento político con las reivindicaciones socialistas
muligheden for at konfrontere den politiske bevægelse med de socialistiske krav
la oportunidad de lanzar los anatemas tradicionales contra el liberalismo
Muligheden for at slynge de traditionelle bandlysninger mod liberalismen
la oportunidad de atacar al gobierno representativo y a la competencia burguesa
muligheden for at angribe den repræsentative regering og borgerskabets konkurrence
Libertad de prensa burguesa, Legislación burguesa, Libertad e igualdad burguesa
Borgerskabets pressefrihed, borgerskabets lovgivning, borgerskabets frihed og lighed
Todo esto ahora podría ser criticado en el mundo real, en lugar de en la fantasía
Alle disse kunne nu kritiseres i den virkelige verden snarere end i fantasien
La aristocracia feudal y la monarquía absoluta habían predicado durante mucho tiempo a las masas
Feudalt aristokrati og enevælde monarki havde længe prædiket for masserne
"El obrero no tiene nada que perder y tiene todo que ganar"
"Den arbejdende mand har intet at tabe, og han har alt at vinde"
el movimiento burgués también ofrecía la oportunidad de hacer frente a estos tópicos
borgerbevægelsen tilbød også en chance for at konfrontere disse floskler
la crítica francesa presuponía la existencia de la sociedad burguesa moderna
den franske kritik forudsatte eksistensen af det moderne borgerskab

Las condiciones económicas de existencia de la burguesía y
la constitución política de la burguesía
Borgerskabets økonomiske eksistensbetingelser og
borgerskabets politiske forfatning
las mismas cosas cuya consecución era el objeto de la lucha
pendiente en Alemania
de ting, hvis opnåelse var målet for den forestående kamp i
Tyskland
El estúpido eco del socialismo alemán abandonó estos
objetivos justo a tiempo
Tysklands fjollede ekko af socialisme opgav disse mål lige i
sidste øjeblik
Los gobiernos absolutos tenían sus seguidores de párrocos,
profesores, escuderos y funcionarios
De absolutte regeringer havde deres tilhængerskare af
præster, professorer, godsejere og embedsmænd
el gobierno de la época se enfrentó a los levantamientos de
la clase obrera alemana con azotes y balas
den daværende regering mødte de tyske arbejderstande med
piskninger og kugler
para ellos este socialismo servía de espantapájaros contra la
burguesía amenazadora
for dem tjente denne socialisme som et velkomment
fugleskræmsel mod det truende bourgeoisi
y el gobierno alemán pudo ofrecer un postre dulce después
de las píldoras amargas que repartió
og den tyske regering var i stand til at tilbyde en sød dessert
efter de bitre piller, den uddelte
este "verdadero" socialismo servía así a los gobiernos como
arma para combatir a la burguesía alemana
denne »sande« socialisme tjente således regeringerne som et
våben til at bekæmpe det tyske bourgeoisi
y, al mismo tiempo, representaba directamente un interés
reaccionario; la de los filisteos alemanes
og samtidig repræsenterede den direkte en reaktionær
interesse; de tyske filistre,

En Alemania, la pequeña burguesía es la verdadera base social del actual estado de cosas
I Tyskland er småborgerskabets klasse det virkelige sociale grundlag for den bestående tingenes tilstand
Una reliquia del siglo XVI que ha ido surgiendo constantemente bajo diversas formas
et levn fra det sekstende århundrede, der konstant er dukket op under forskellige former
Preservar esta clase es preservar el estado de cosas existente en Alemania
At bevare denne klasse er at bevare den eksisterende tingenes tilstand i Tyskland
La supremacía industrial y política de la burguesía amenaza a la pequeña burguesía con una destrucción segura
Bourgeoisiets industrielle og politiske overherredømme truer småborgerskabet med sikker ødelæggelse
por un lado, amenaza con destruir a la pequeña burguesía a través de la concentración del capital
på den ene side truer den med at ødelægge småborgerskabet gennem koncentration af kapital
por otra parte, la burguesía amenaza con destruirla mediante el ascenso de un proletariado revolucionario
på den anden side truer bourgeoisiet med at ødelægge det gennem et revolutionært proletariats fremkomst
El "verdadero" socialismo parecía matar estos dos pájaros de un tiro. Se extendió como una epidemia
Den "sande" socialisme syntes at slå disse to fluer med et smæk. Det spredte sig som en epidemi
El manto de telarañas especulativas, bordado con flores de retórica, empapado en el rocío de un sentimiento enfermizo
Kappen af spekulative spindelvæv, broderet med retorikkens blomster, gennemsyret af sygelige følelsers dug
esta túnica trascendental en la que los socialistas alemanes envolvían sus tristes "verdades eternas"
denne transcendentale kappe, som de tyske socialister svøbte deres sørgelige »evige sandheder« i.

toda la piel y los huesos, sirvieron para aumentar maravillosamente la venta de sus productos entre un público tan

alle skind og ben, tjente til vidunderligt at øge salget af deres varer blandt et sådant publikum

Y por su parte, el socialismo alemán reconocía, cada vez más, su propia vocación

Og på sin side anerkendte den tyske socialisme mere og mere sit eget kald

estaba llamado a ser el grandilocuente representante de la pequeña burguesía filistea

den blev kaldt den bombastiske repræsentant for den småborgerlige filister

Proclamaba que la nación alemana era la nación modelo, y que el pequeño filisteo alemán era el hombre modelo

Den proklamerede den tyske nation som mønsternationen og den tyske småfilister som mønstermennesket

A cada maldad malvada de este hombre modelo le daba una interpretación socialista oculta y superior

Til enhver skurkagtig ondskabsfuldhed hos dette mønstermenneske gav den en skjult, højere, socialistisk fortolkning

esta interpretación socialista superior era exactamente lo contrario de su carácter real

denne højere, socialistiske fortolkning var det stik modsatte af dens virkelige karakter

Llegó al extremo de oponerse directamente a la tendencia "brutalmente destructiva" del comunismo

Den gik så langt som til direkte at modsætte sig kommunismens "brutalt destruktive" tendens

y proclamó su supremo e imparcial desprecio de todas las luchas de clases

og den proklamerede sin højeste og upartiske foragt for alle klassekampe

Con muy pocas excepciones, todas las publicaciones llamadas socialistas y comunistas que ahora (1847) circulan

en Alemania pertenecen al dominio de esta literatura sucia y enervante

Med meget få undtagelser hører alle de såkaldte socialistiske og kommunistiske publikationer, der nu (1847) cirkulerer i Tyskland, til denne modbydelige og enerverende litteraturs domæne

2) Socialismo conservador o socialismo burgués
2) Konservativ socialisme eller borgerlig socialisme

Una parte de la burguesía está deseosa de reparar los agravios sociales
En del af bourgeoisiet ønsker at råde bod på sociale klager
con el fin de asegurar la continuidad de la sociedad burguesa
for at sikre det borgerlige samfunds fortsatte eksistens
A esta sección pertenecen economistas, filántropos, humanistas
Til denne sektion hører økonomer, filantroper, humanister
mejoradores de la condición de la clase obrera y organizadores de la caridad
Forbedringer af arbejderklassens vilkår og organisatorer af velgørenhed
Miembros de las Sociedades para la Prevención de la Crueldad contra los Animales
medlemmer af selskaber til forebyggelse af dyremishandling
fanáticos de la templanza, reformadores de todo tipo imaginable
afholdsfanatikere, hul-og-hjørne-reformatorer af enhver tænkelig art
Esta forma de socialismo, además, ha sido elaborada en sistemas completos
Denne form for socialisme er desuden blevet udarbejdet til komplette systemer
Podemos citar la "Philosophie de la Misère" de Proudhon como ejemplo de esta forma
Vi kan nævne Proudhons "Philosophie de la Misère" som et eksempel på denne form
La burguesía socialista quiere todas las ventajas de las condiciones sociales modernas
Det socialistiske bourgeoisi ønsker alle fordelene ved moderne samfundsforhold

pero la burguesía socialista no quiere necesariamente las luchas y los peligros resultantes

men det socialistiske bourgeoisi ønsker ikke nødvendigvis de deraf følgende kampe og farer

Desean el estado actual de la sociedad, menos sus elementos revolucionarios y desintegradores

De ønsker den eksisterende samfundstilstand minus dets revolutionære og opløsende elementer

en otras palabras, desean una burguesía sin proletariado

med andre ord, de ønsker et bourgeoisi uden proletariat

La burguesía concibe naturalmente el mundo en el que es supremo ser el mejor

Bourgeoisiet forestiller sig naturligvis den verden, hvor det er suverænt at være den bedste

y el socialismo burgués desarrolla esta cómoda concepción en varios sistemas más o menos completos

og borgersocialismen udvikler denne behagelige opfattelse til forskellige mere eller mindre komplette systemer

les gustaría mucho que el proletariado marchara directamente hacia la Nueva Jerusalén social

de ville meget gerne have, at proletariatet straks marcherede ind i det sociale nye Jerusalem

pero en realidad requiere que el proletariado permanezca dentro de los límites de la sociedad existente

men i virkeligheden kræver det, at proletariatet holder sig inden for det eksisterende samfunds grænser

piden al proletariado que abandone todas sus ideas odiosas sobre la burguesía

de beder proletariatet om at forkaste alle deres hadefulde ideer om bourgeoisiet

hay una segunda forma más práctica, pero menos sistemática, de este socialismo

der er en anden mere praktisk, men mindre systematisk form for denne socialisme

Esta forma de socialismo buscaba despreciar todo movimiento revolucionario a los ojos de la clase obrera

Denne form for socialisme forsøgte at nedvurdere enhver
revolutionær bevægelse i arbejderklassens øjne
**Argumentan que ninguna mera reforma política podría ser
ventajosa para ellos**
De hævder, at ingen simpel politisk reform kan være til nogen
fordel for dem
**Sólo un cambio en las condiciones materiales de existencia
en las relaciones económicas es beneficioso**
kun en ændring af de materielle betingelser for eksistensen i
de økonomiske forhold er til gavn for
**Al igual que el comunismo, esta forma de socialismo aboga
por un cambio en las condiciones materiales de existencia**
Ligesom kommunismen går denne form for socialisme ind for
en ændring af de materielle eksistensbetingelser
**sin embargo, esta forma de socialismo no sugiere en modo
alguno la abolición de las relaciones de producción
burguesas**
men denne form for socialisme antyder på ingen måde
afskaffelsen af bourgeoisiets produktionsforhold
**la abolición de las relaciones de producción burguesas sólo
puede lograrse mediante una revolución**
afskaffelsen af bourgeoisiets produktionsforhold kan kun
opnås gennem en revolution
**Pero en lugar de una revolución, esta forma de socialismo
sugiere reformas administrativas**
Men i stedet for en revolution foreslår denne form for
socialisme administrative reformer
**y estas reformas administrativas se basarían en la
continuidad de estas relaciones**
og disse administrative reformer vil være baseret på disse
forbindelsers fortsatte eksistens
**reformas, por lo tanto, que no afectan en ningún aspecto a
las relaciones entre el capital y el trabajo**
reformer, der på ingen måde påvirker forholdet mellem
kapital og arbejde

en el mejor de los casos, tales reformas disminuyen el costo y simplifican el trabajo administrativo del gobierno burgués

i bedste fald mindsker sådanne reformer omkostningerne og forenkler borgerskabets regerings administrative arbejde

El socialismo burgués alcanza una expresión adecuada cuando, y sólo cuando, se convierte en una mera figura retórica

Den borgerlige socialisme opnår et fyldestgørende udtryk, når og kun når den bliver en simpel talemåde

Libre comercio: en beneficio de la clase obrera

Frihandel: til gavn for arbejderklassen

Deberes protectores: en beneficio de la clase obrera

Beskyttelsestold: til gavn for arbejderklassen

Reforma Penitenciaria: en beneficio de la clase trabajadora

Fængselsreform: til gavn for arbejderklassen

Esta es la última palabra y la única palabra seria del socialismo burgués

Dette er det sidste ord og det eneste seriøst mente ord i den borgerlige socialisme

Se resume en la frase: la burguesía es una burguesía en beneficio de la clase obrera

Det er opsummeret i sætningen: Borgerskabet er et borgerskab til gavn for arbejderklassen

3) Socialismo crítico-utópico y comunismo
3) Kritisk-utopisk socialisme og kommunisme

No nos referimos aquí a esa literatura que siempre ha dado voz a las reivindicaciones del proletariado
Vi henviser her ikke til den litteratur, der altid har givet udtryk for proletariatets krav

esto ha estado presente en todas las grandes revoluciones modernas, como los escritos de Babeuf y otros
dette har været til stede i enhver stor moderne revolution, såsom Babeufs og andres skrifter

Las primeras tentativas directas del proletariado para alcanzar sus propios fines fracasaron necesariamente
Proletariatets første direkte forsøg på at nå sine egne mål mislykkedes nødvendigvis

Estos intentos se hicieron en tiempos de excitación universal, cuando la sociedad feudal estaba siendo derrocada
Disse forsøg blev gjort i tider med universel spænding, da det feudale samfund blev styrtet

El entonces subdesarrollado del proletariado llevó a que fracasaran esos intentos
proletariatets dengang uudviklede tilstand førte til, at disse forsøg mislykkedes

y fracasaron por la ausencia de las condiciones económicas para su emancipación
og de mislykkedes på grund af manglen på de økonomiske betingelser for dens frigørelse

condiciones que aún no se habían producido, y que sólo podían ser producidas por la inminente época de la burguesía
betingelser, der endnu ikke var blevet frembragt, og som kunne skabes af den forestående borgerskabsepoke alene

La literatura revolucionaria que acompañó a estos primeros movimientos del proletariado tuvo necesariamente un carácter reaccionario

Den revolutionære litteratur, der ledsagede disse
proletariatets første bevægelser, havde nødvendigvis en
reaktionær karakter

**Esta literatura inculcó el ascetismo universal y la nivelación
social en su forma más cruda**
Denne litteratur indprentede universel askese og social
nivellering i sin groveste form

**Los sistemas socialista y comunista, propiamente dichos,
surgen en el período temprano no desarrollado**
De socialistiske og kommunistiske systemer, egentlig såkaldte,
opstår i den tidlige uudviklede periode

**Saint-Simon, Fourier, Owen y otros, describieron la lucha
entre el proletariado y la burguesía (ver sección 1)**
Saint-Simon, Fourier, Owen og andre beskrev kampen mellem
proletariat og borgerskab (se afsnit 1)

**Los fundadores de estos sistemas ven, en efecto, los
antagonismos de clase**
Grundlæggerne af disse systemer ser faktisk
klassemodsætningerne

**también ven la acción de los elementos en descomposición,
en la forma predominante de la sociedad**
de ser også de nedbrydende elementers virkning i den
fremherskende samfundsform

**Pero el proletariado, todavía en su infancia, les ofrece el
espectáculo de una clase sin ninguna iniciativa histórica**
Men proletariatet, der endnu er i sin vorden, tilbyder dem et
skuespil af en klasse uden noget historisk initiativ

**Ven el espectáculo de una clase social sin ningún
movimiento político independiente**
de ser synet af en social klasse uden nogen uafhængig politisk
bevægelse

**El desarrollo del antagonismo de clase sigue el mismo ritmo
que el desarrollo de la industria**
Udviklingen af klassemodsætninger holder trit med
industriens udvikling

De modo que la situación económica no les ofrece todavía las condiciones materiales para la emancipación del proletariado

Den økonomiske situation tilbyder dem derfor endnu ikke de materielle betingelser for proletariatets befrielse

Por lo tanto, buscan una nueva ciencia social, nuevas leyes sociales, que creen estas condiciones

De søger derfor efter en ny samfundsvidenskab, efter nye sociale love, der skal skabe disse betingelser

acción histórica es ceder a su acción inventiva personal

historisk handling er at give efter for deres personlige opfindsomhed

Las condiciones de emancipación creadas históricamente han de ceder ante condiciones fantásticas

Historisk skabte betingelser for frigørelse skal vige for fantastiske betingelser

y la organización gradual y espontánea de clase del proletariado debe ceder ante la organización de la sociedad

og proletariatets gradvise, spontane klasseorganisering skal vige for samfundets organisation

la organización de la sociedad especialmente ideada por estos inventores

den organisering af samfundet, der er specielt udtænkt af disse opfindere

La historia futura se resuelve, a sus ojos, en la propaganda y en la realización práctica de sus planes sociales

Fremtidens historie opløser sig i deres øjne i propagandaen og den praktiske gennemførelse af deres sociale planer

En la formación de sus planes son conscientes de preocuparse principalmente por los intereses de la clase obrera

Ved udformningen af deres planer er de bevidste om, at de først og fremmest tager sig af arbejderklassens interesser

Sólo desde el punto de vista de ser la clase más sufriente existe el proletariado para ellos

Kun ud fra det synspunkt, at det er den mest lidende klasse, eksisterer proletariatet for dem

El estado subdesarrollado de la lucha de clases y su propio entorno informan sus opiniones

Klassekampens uudviklede tilstand og deres egne omgivelser præger deres meninger

Los socialistas de este tipo se consideran muy superiores a todos los antagonismos de clase

Socialister af denne art betragter sig selv som langt overlegne i forhold til alle klassemodsætninger

Quieren mejorar la condición de todos los miembros de la sociedad, incluso la de los más favorecidos

De ønsker at forbedre forholdene for alle medlemmer af samfundet, selv for de mest begunstigede

De ahí que habitualmente atraigan a la sociedad en general, sin distinción de clase

Derfor appellerer de sædvanligvis til samfundet som helhed, uden skelnen til klasse

Es más, apelan a la sociedad en general con preferencia a la clase dominante

nej, de appellerer til samfundet som helhed ved at foretrække den herskende klasse

Para ellos, todo lo que se requiere es que los demás entiendan su sistema

For dem er alt, hvad det kræver, at andre forstår deres system

Porque, ¿cómo puede la gente no ver que el mejor plan posible es para el mejor estado posible de la sociedad?

For hvordan kan folk undgå at se, at den bedst mulige plan er for den bedst mulige samfundstilstand?

Por lo tanto, rechazan toda acción política, y especialmente toda acción revolucionaria

Derfor afviser de enhver politisk og især al revolutionær handling

desean alcanzar sus fines por medios pacíficos

de ønsker at nå deres mål med fredelige midler

se esfuerzan, mediante pequeños experimentos, que están necesariamente condenados al fracaso

de bestræber sig ved små eksperimenter, som nødvendigvis er dømt til at mislykkes

y con la fuerza del ejemplo tratan de abrir el camino al nuevo Evangelio social

og ved eksemplets kraft forsøger de at bane vejen for det nye sociale evangelium

Cuadros tan fantásticos de la sociedad futura, pintados en un momento en que el proletariado se encuentra todavía en un estado muy subdesarrollado

Sådanne fantastiske billeder af fremtidens samfund, malet på et tidspunkt, hvor proletariatet stadig er i en meget uudviklet tilstand

y todavía no tiene más que una concepción fantástica de su propia posición

og den har stadig kun en fantastisk opfattelse af sin egen position

pero sus primeros anhelos instintivos corresponden a los anhelos del proletariado

men deres første instinktive længsler svarer til proletariatets længsler

Ambos anhelan una reconstrucción general de la sociedad

begge længes efter en generel genopbygning af samfundet

Pero estas publicaciones socialistas y comunistas también contienen un elemento crítico

Men disse socialistiske og kommunistiske publikationer indeholder også et kritisk element

Atacan todos los principios de la sociedad existente

De angriber ethvert princip i det eksisterende samfund

De ahí que estén llenos de los materiales más valiosos para la ilustración de la clase obrera

Derfor er de fulde af de mest værdifulde materialer til oplysning af arbejderklassen

Proponen la abolición de la distinción entre la ciudad y el campo, y la familia

de foreslår afskaffelse af sondringen mellem by og land, og familien

la supresión de la explotación de industrias por cuenta de los particulares

afskaffelse af udøvelse af industrier for privatpersoners regning

y la abolición del sistema salarial y la proclamación de la armonía social

og afskaffelse af lønsystemet og proklamation af social harmoni

la conversión de las funciones del Estado en una mera superintendencia de la producción

omdannelsen af statens funktioner til en simpel overvågning af produktionen

Todas estas propuestas, apuntan únicamente a la desaparición de los antagonismos de clase

Alle disse forslag peger udelukkende på klassemodsætningernes forsvinden

Los antagonismos de clase estaban, en ese momento, apenas surgiendo

Klassemodsætninger var på det tidspunkt kun lige ved at dukke op

En estas publicaciones estos antagonismos de clase se reconocen sólo en sus formas más tempranas, indistintas e indefinidas

I disse publikationer er disse klassemodsætninger kun genkendt i deres tidligste, utydelige og udefinerede former

Estas propuestas, por lo tanto, son de carácter puramente utópico

Disse forslag er derfor af rent utopisk karakter

La importancia del socialismo crítico-utópico y del comunismo guarda una relación inversa con el desarrollo histórico

Betydningen af den kritisk-utopiske socialisme og kommunisme står i omvendt forhold til den historiske udvikling

**La lucha de clases moderna se desarrollará y continuará
tomando forma definitiva**
Den moderne klassekamp vil udvikle sig og fortsætte med at
tage bestemt form
**Esta fantástica posición del concurso perderá todo valor
práctico**
Denne fantastiske status fra konkurrencen vil miste al praktisk
værdi
**Estos fantásticos ataques a los antagonismos de clase
perderán toda justificación teórica**
Disse fantastiske angreb på klassemodsætninger vil miste
enhver teoretisk berettigelse
**Los creadores de estos sistemas fueron, en muchos aspectos,
revolucionarios**
ophavsmændene til disse systemer var i mange henseender
revolutionære
**pero sus discípulos han formado, en todos los casos, meras
sectas reaccionarias**
men deres disciple har i alle tilfælde kun dannet reaktionære
sekter
**Se aferran firmemente a los puntos de vista originales de sus
amos**
De holder fast i deres herrers oprindelige synspunkter
**Pero estos puntos de vista se oponen al desarrollo histórico
progresivo del proletariado**
Men disse anskuelser står i modsætning til proletariatets
fremadskridende historiske udvikling
**Por lo tanto, se esfuerzan, y eso de manera consecuente, por
amortiguar la lucha de clases**
De bestræber sig derfor på, og det konsekvent, at dræbe
klassekampen
**y se esfuerzan constantemente por reconciliar los
antagonismos de clase**
og de bestræber sig konsekvent på at forsone
klassemodsætningerne

Todavía sueñan con la realización experimental de sus utopías sociales

De drømmer stadig om eksperimentel realisering af deres sociale utopier

todavía sueñan con fundar "falansterios" aislados y establecer "colonias domésticas"

de drømmer stadig om at grundlægge isolerede "falansterer" og etablere "hjemmekolonier"

sueñan con establecer una "Pequeña Icaria": ediciones duodécimas de la Nueva Jerusalén

de drømmer om at oprette en "Lille Ikaria" – duodecimo-udgaver af det nye Jerusalem

y sueñan con realizar todos estos castillos en el aire

og de drømmer om at realisere alle disse luftslotte

se ven obligados a apelar a los sentimientos y a las carteras de los burgueses

de er tvunget til at appellere til borgerskabets følelser og pengepunge

Poco a poco se hunden en la categoría de los socialistas conservadores reaccionarios descritos anteriormente

Lidt efter lidt synker de ned i kategorien af reaktionære konservative socialister, der er skildret ovenfor

sólo se diferencian de ellos por una pedantería más sistemática

de adskiller sig kun fra disse ved mere systematisk pedanteri

y se diferencian por su creencia fanática y supersticiosa en los efectos milagrosos de su ciencia social

og de adskiller sig ved deres fanatiske og overtroiske tro på de mirakuløse virkninger af deres samfundsvidenskab

Por lo tanto, se oponen violentamente a toda acción política por parte de la clase obrera

De modsætter sig derfor voldsomt enhver politisk aktion fra arbejderklassens side

tal acción, según ellos, sólo puede ser el resultado de una ciega incredulidad en el nuevo Evangelio

en sådan handling kan ifølge dem kun være et resultat af blind vantro på det nye evangelium

Los owenistas en Inglaterra y los fourieristas en Francia, respectivamente, se oponen a los cartistas y a los reformistas

Owenitterne i England og fourieristerne i Frankrig er imod chartisterne og "réformisterne"

**Posición de los comunistas en relación con los diversos
partidos de oposición existentes**
Kommunisternes stilling i forhold til de forskellige
eksisterende oppositionspartier

**La sección II ha dejado claras las relaciones de los
comunistas con los partidos obreros existentes**
Afsnit II har gjort kommunisternes forhold til de eksisterende
arbejderpartier klarlagt.
**como los cartistas en Inglaterra y los reformadores agrarios
en América**
såsom chartisterne i England og de agrariske reformatorer i
Amerika
**Los comunistas luchan por el logro de los objetivos
inmediatos**
Kommunisterne kæmper for at nå de umiddelbare mål
**Luchan por la imposición de los intereses momentáneos de
la clase obrera**
de kæmper for håndhævelsen af arbejderklassens øjeblikkelige
interesser
**Pero en el movimiento político del presente, también
representan y cuidan el futuro de ese movimiento**
Men i nutidens politiske bevægelse repræsenterer og tager de
sig også af denne bevægelses fremtid
En Francia, los comunistas se alían con los socialdemócratas
I Frankrig allierer kommunisterne sig med
socialdemokraterne
y se posicionan contra la burguesía conservadora y radical
og de stiller sig op mod det konservative og radikale
bourgeoisi
**sin embargo, se reservan el derecho de tomar una posición
crítica respecto de las frases e ilusiones tradicionalmente
transmitidas desde la gran Revolución**
de forbeholder sig dog retten til at indtage en kritisk holdning
til fraser og illusioner, der traditionelt er overleveret fra den
store revolution

En Suiza apoyan a los radicales, sin perder de vista que este
partido está formado por elementos antagónicos
I Schweiz støtter de de radikale uden at tabe af syne, at dette
parti består af fjendtlige elementer
en parte de los socialistas democráticos, en el sentido
francés, en parte de la burguesía radical
dels af demokratiske socialister, i fransk forstand, dels af
radikale bourgeoisi
En Polonia apoyan al partido que insiste en la revolución
agraria como condición primordial para la emancipación
nacional
I Polen støtter de det parti, der insisterer på en
landbrugsrevolution som den primære betingelse for national
frigørelse
el partido que fomentó la insurrección de Cracovia en 1846
det parti, der anstiftede opstanden i Krakow i 1846
En Alemania luchan con la burguesía cada vez que ésta actúa
de manera revolucionaria
I Tyskland kæmper de med bourgeoisiet, når det handler
revolutionært
contra la monarquía absoluta, la nobleza feudal y la pequeña
burguesía
mod enevælden, det feudale godsejerskab og småborgerskabet
Pero no cesan, ni por un solo instante, de inculcar en la clase
obrera una idea particular
Men de ophører aldrig et øjeblik med at indgyde
arbejderklassen en bestemt idé
el reconocimiento más claro posible del antagonismo hostil
entre la burguesía y el proletariado
den klarest mulige erkendelse af det fjendtlige
modsætningsforhold mellem bourgeoisiet og proletariatet
para que los obreros alemanes puedan utilizar
inmediatamente las armas de que disponen
således at de tyske arbejdere straks kan bruge de våben, de har
til rådighed

las condiciones sociales y políticas que la burguesía debe
introducir necesariamente junto con su supremacía
de sociale og politiske betingelser, som bourgeoisiet
nødvendigvis må indføre sammen med dets overherredømme
la caída de las clases reaccionarias en Alemania es inevitable
de reaktionære klassers fald i Tyskland er uundgåeligt
y entonces la lucha contra la burguesía misma puede
comenzar inmediatamente
og så kan kampen mod selve bourgeoisiet straks begynde
Los comunistas dirigen su atención principalmente a
Alemania, porque este país está en vísperas de una
revolución burguesa
Kommunisterne vender hovedsagelig deres opmærksomhed
mod Tyskland, fordi dette land står på tærsklen til en
borgerlig revolution
una revolución que está destinada a llevarse a cabo en las
condiciones más avanzadas de la civilización europea
en revolution, der uundgåeligt vil blive gennemført under
mere avancerede forhold i den europæiske civilisation
y está destinado a llevarse a cabo con un proletariado mucho
más desarrollado
og det må nødvendigvis udføres med et langt mere udviklet
proletariat
un proletariado más avanzado que el de Inglaterra en el
XVII y el de Francia en el siglo XVIII
et proletariat, der var mere avanceret end Englands, var i det
syttende og Frankrig i det 18. århundrede
y porque la revolución burguesa en Alemania no será más
que el preludio de una revolución proletaria
inmediatamente posterior
og fordi den borgerlige revolution i Tyskland kun vil være
optakten til en umiddelbart efterfølgende proletarisk
revolution
En resumen, los comunistas apoyan en todas partes todo
movimiento revolucionario contra el orden social y político
existente

Kort sagt, kommunisterne støtter overalt enhver revolutionær
bevægelse mod den bestående sociale og politiske orden
En todos estos movimientos ponen en primer plano, como
cuestión principal en cada uno de ellos, la cuestión de la
propiedad
I alle disse bevægelser bringer de ejendomsspørgsmålet frem
som det ledende spørgsmål i hver af dem
no importa cuál sea su grado de desarrollo en ese país en ese
momento
uanset hvor stor dens udviklingsgrad er i det pågældende
land på det tidspunkt
Finalmente, trabajan en todas partes por la unión y el
acuerdo de los partidos democráticos de todos los países
Endelig arbejder de overalt for foreningen og tilslutningen
mellem de demokratiske partier i alle lande
Los comunistas desdeñan ocultar sus puntos de vista y sus
objetivos
Kommunisterne foragter at skjule deres synspunkter og mål
Declaran abiertamente que sus fines sólo pueden alcanzarse
mediante el derrocamiento por la fuerza de todas las
condiciones sociales existentes
De erklærer åbent, at deres mål kun kan nås ved at omstyrte
alle eksisterende sociale forhold med magt
Que las clases dominantes tiemblen ante una revolución
comunista
Lad de herskende klasser skælve over en kommunistisk
revolution
Los proletarios no tienen nada que perder más que sus
cadenas
Proletarerne har intet andet at tabe end deres lænker
Tienen un mundo que ganar
De har en verden at vinde
¡TRABAJADORES DE TODOS LOS PAÍSES, UNÍOS!
ARBEJDENDE MÆND FRA ALLE LANDE, FOREN JER!